PENSAMIENTOS VENDEDORES

60 IDEAS INSPIRADORAS PARA SER MEJOR VENDEDOR

(Pensamientos Vendedores 3, Final de la Trilogía)

Título: Pensamientos Vendedores,

     60 Ideas Inspiradoras para Ser Mejor Vendedor

Título de la serie: Pensamientos Vendedores

Volumen de la serie: Volumen 3, Final de la Trilogía

Autor: Raúl Sánchez Gilo

Primera edición: 2023

ISBN: 9798866131358

PENSAMIENTOS VENDEDORES

60 IDEAS INSPIRADORAS PARA SER MEJOR VENDEDOR

(Pensamientos Vendedores 3, Final de la Trilogía)

Raúl Sánchez Gilo

A mi Musa,

Ella sabe quién es, y cuánto la amo

ÍNDICE

PRÓLOGO

Cuando publiqué mis dos libros anteriores, muchos lectores me preguntaron si iba a publicar un tercero.

Yo siempre les respondía que "las musas vienen cuando ellas quieren, no cuando uno quiere"... Supongo que me salía por la tangente.

Y me auto convencía de ello.

No sabía ni estaba seguro por aquél entonces de si iba a publicar un tercer libro, aunque esa siempre fue la intención inicial, el hacer una trilogía.

El caso es que, mientras tanto, he estado publicando muchos artículos y posts tanto en redes sociales como en mi humilde blog sobre consejos de ventas.

Mientras esperaba a las musas.

Pero en realidad las musas han seguido viniendo, aunque no fuera de seguido, susurrando al oído e inspirando todo lo que iba escribiendo.

Entonces te das cuenta, que era el momento de recoger todo ello, seleccionar los que creía mejores, editarlos, modificarlos si era conveniente y reunirlos aquí, como **60 Ideas Inspiradoras para Ser Mejor Vendedor.**

Inspiración.

De eso se trata.

De que estos llamados Pensamientos Vendedores que uno tiene de vez en cuando sin saber por qué (cosas de las musas…) puedan también inspirar a otros vendedores, emprendedores y profesionales del mundo de las ventas.

Y ese es el objetivo, que te sirvan, lector, para reflexionar, para aprender, para mejorar.

Son pensamientos sueltos, vendedores, que venden, que pueden ayudar a vender.

Que tratan sobre la venta, sobre los vendedores, sobre los clientes, sobre los diversos procesos de ventas, sobre marketing, distribución, prospección, sobre los retos y obstáculos del trabajo diario del vendedor y de cómo superarlos, de los errores y los aciertos, de tendencias, y en general de conceptos eternos de ventas que el vendedor debe conocer y reconocer.

Pensamientos que se plantean o intentan rebatir muchas veces frases típicas del mundo de las ventas, que se han convertido en mantras al respecto, pero que me gusta analizar con sentido crítico, el mismo que intento inspirar al lector en su quehacer diario.

Que comparten listas y "check-lists" como punto de partida para el lector curioso a profundizar más en cada tema.

Que cuentan historias y anécdotas que me han sucedido de las que se puede sacar su moraleja al respecto del mundo de las ventas, o que sirven de inspiración y excusa para ello.

Que intentan dar un punto de vista no usual sobre un tema o un proceso de ventas.

Que utilizan metáforas, símiles, para ayudar al lector a que dicha idea que intento transmitir se le quede más en su retina, en su memoria, al igual que sucede con las historias.

Que invitan a reflexionar, al debate y en general a tener la mente abierta y siempre con ánimo de aprendizaje y crecimiento profesional.

Algunos son cortos, otros mucho más largos, pero no por ello significa que sean mejores o peores, ya que en todos intento que el lector pueda sacar algo positivo y que también le invite a pensar por sí mismo.

Por supuesto, al igual que los otros dos libros anteriores, no pretende ser una biblia de las ventas, ni mucho menos, y por eso tampoco les he dado un orden o estructura como anteriormente.

Son aleatorios, sin capítulos separados, esperando que sea el propio lector el que les de su propia estructura (aunque algunos tienen relación con los anteriores, o con todos en general), y de alguna forma dando a entender que muchos conceptos son comunes o aplicables con sus respectivos matices tanto a B2B como a B2C, y por ende pueden ser válidos sin tener que clasificar dichos pensamientos como solo para un tipo de mercado.

A fin de cuentas, clasificar supone también limitar y poner fronteras donde muchas veces no las hay, ya que los principales protagonistas, cliente y vendedor, son al final humanos.

Y de eso también se trata.

Por supuesto, cuando hablo de vendedores también me refiero a vendedoras, no me malentiendan, se sobreentiende y es en general, ya que poner en cada caso vendedores/as, así como intentar escribir todo con ellos y ellas, humanos y humanas, resulta muy cansino para el lector, por lo que espero entiendan que en todo el libro hablo de forma genérica como uso asentado en el sistema gramatical español.

Así pues, lector, por fin, aquí tienes **el final de la trilogía de la serie Pensamientos Vendedores.**

Se llama igual que la serie, ya que dichos libros así los clasifiqué:

"Vender Más y Mejor" era el inicio como "Pensamientos Vendedores 1".

El segundo libro "51 Consejos de Ventas" era "Pensamientos Vendedores 2".

Y éste sería el 3 que, como no podía ser de otra manera, alude muchas veces a los anteriores, pues los complementa, ampliando o completando temas y conceptos tratados anteriormente, así como otros nuevos. Por lo que no te extrañe que haga referencias a ellos a lo largo del libro.

Así pues, y antes de empezar con dichos Pensamientos Vendedores, a modo de entrante, quiero matizar en los dos siguientes remates de este Prólogo, lo que puedes encontrar aquí, la filosofía de los mismos, su alcance, objetivo, visión y misión:

El Chino, el Arroz y el Vendedor

Tranquilo, no te voy a hablar de comida china.

Ni del cocinero. Pero sí del arroz.

Y sobre todo del paralelismo del siguiente proverbio chino con las ventas.

"Hablar no cocina el arroz" ("Talk doesn't cook rice")

Los proverbios, ya sean chinos o del refranero español, encierran siempre un saber antiguo, popular, con mucha verdad detrás.

Y a mí me gusta siempre buscar las verdades, sobre todo las eternas, las que siempre son válidas para el vendedor.

Así pues.

El arroz no se cocina solo. Ni solo hablando.

Es decir, hay que tomar acción, no tener miedo a cometer errores.

Y cometerlos.

Que es como se gana experiencia para no cometer los mismos errores una y otra vez.

Del mismo modo, **solo leer un libro de ventas no te convertirá automáticamente en un mejor vendedor.**

Tienes que practicar, tomar acción, fallar, hacerlo bien, fallar y volver a intentarlo.

Aunque leerlos te ayudará a concentrarte en lo importante, en los detalles por los que pierdes ventas y en cómo reducir el número y la gravedad de esos errores.

Te ayudará a moverte en la dirección correcta, con una imagen clara de hacia dónde dirigirte y por qué.

Pero tienes que ganarte la experiencia por tu cuenta.

Ningún libro, curso o webinar de ventas te lo va a regalar.

El éxito final siempre depende de ti.

Pero hay que empezar con algo para cocer el arroz.

Comienza con la receta.

Aunque no son recetas milagrosas.

Solo buenos consejos de ventas.

Como los Pensamientos Vendedores que puedes encontrar aquí.

El Mayor Secreto de las Ventas

Esta información es Top Secret… Te hablo del mayor secreto de las ventas.

Todos queremos saberlo, ¿verdad?

Seguro que todos los días lees artículos sobre grandes secretos y verdades infalibles para transformar tus ventas.

En blogs, en las redes sociales, en libros, en cursos, webinarios, etc.

Se habla mucho sobre fórmulas secretas e infalibles para vender.

Sobre trucos secretos de ventas.

Pero el mayor secreto es… que no hay secreto.

No busques una revelación milagrosa ni fórmulas mágicas.

En realidad no existe una sola forma de vender.

Cada uno tiene que encontrar cual es la suya y descubrir sus propias verdades en el mundo de las ventas.

Los consejos y pensamientos que publico son mis verdades, fruto de mi experiencia, éxitos, fracasos y reflexiones de muchos años de ventas nacionales e internacionales.

No todos funcionan para todo el mundo.

Pero puedes encontrar algunos, o muchos, que pueden funcionar también para ti, sobre todo si eres crítico, curioso, con ganas de aprender y tienes sentido común.

Pero no son secretos de ventas.

No existen tales.

De eso se trata, de conocer y reconocer los conceptos clave y básicos para luego aplicarlos a conveniencia, **sin necesidad de memorizar frases hechas o trucos que nunca son universales**.

Así pues, elije aquellos consejos, pensamientos e ideas que te inspiren, que pienses pueden funcionar para ti, pruébalos, adáptalos, retuércelos, cáete, levántate y vuelve a probar, hasta que se conviertan en tus propias verdades de ventas.

Bueno, miento, sí que hay un secreto:

Querer aprender cada día un poco más.

Así y solo así serás mejor en ventas.

Lee y encuentra aquí tus verdades, no son un secreto.

PENSAMIENTOS VENDEDORES

1. El Mejor Consejo de Ventas

Alguna vez me han preguntado cuál es el mejor consejo para vender.

Cómo si solo hubiera uno.

Difícil elección… Si bien, siempre he dicho que el mejor consejo es formarse continuamente. En ese sentido, no dejen de leer libros, artículos, suscribirse a blogs, oír podcasts, e incluso si lo necesitan, apuntarse a cursos, mentorías, etc.

Si bien, muchos pueden pensar que no deja de ser una respuesta para salirse por la tangente, por las ramas, para escaquearme, divagar, no ir al grano o irme por los cerros de Úbeda.

Así pues, si tuviera que resumir mucho y me preguntan sobre algo inmediato para vendedores que empiezan, os diría que **sobre todo intenten tener empatía y que se pongan siempre en el lugar de sus clientes.**

Esto te dará muchas respuestas a tus dudas y preguntas.

Y posiblemente incluso llegar a entender que los clientes no quieren tu producto sino soluciones a su problema.

Entender y descubrir las necesidades de tus clientes.

Pero claro, resulta que para poder hacer eso y llegar a tener empatía tienes también que conocerte a ti mismo, como persona y como vendedor, y conocer tus puntos fuertes y débiles.

Y eso te lleva a que debes saber bien lo que vendes, conocer tu producto en profundidad y tener claro si involucra servicios, ideas, intangibles, etc.

Al respecto de intangibles, debes también conocer sus valores añadidos, sus diferenciales, sus beneficios y ventajas y los valores de tu marca y empresa.

Con todo ello, podrás definir mejor tu propuesta de valor e incrementar el valor percibido de tu producto en cada fase de su ciclo de vida, mejorando tus esfuerzos en cada etapa del mismo.

Ponerte en el lugar de tus clientes te ayudará también a descubrir sus motivaciones individuales, a entenderlas y a influir en ellas dirigiéndolas hacia el deseo específico de tu producto o servicio.

También, te ayudará a administrar adecuadamente la relación con tus clientes actuales y potenciales, a identificar tu cliente ideal y a no perder tiempo y dinero con aquellos que nunca van a ser tus clientes.

Conociéndoles, sabrás también como optimizar su grado de satisfacción y gestionar sus expectativas. Y podrás buscar y conseguir mejor la lealtad de tu cliente.

En definitiva, un consejo te lleva a otro.

Es una cadena.

Un ciclo.

Durante el mismo, llegarás a entender y aprender lo que significa vender por valor y no por precio, y en general a aprender, o reaprender, los aspectos básicos y eternos de la venta, aquellos que siempre serán válidos para cualquier situación, sin guiones ni trucos preconcebidos.

No sé si es el mejor consejo.

Pero por alguno tienes que empezar.

Y luego tú mismo juzgarás si era bueno o no.

2. ¿El Peor Consejo de Ventas?

Ya que hemos hablado del mejor consejo de ventas, es necesario también darle una vuelta a cuál sería el peor.

Pienso que hay muchos candidatos. Es difícil elegir uno, y la consecuencia de muchos consejos que no son tan buenos están también relacionados con muchos de los defectos de los vendedores que hemos mencionado alguna vez.

Desde hace tiempo hay muchos mantras de ventas que se repiten hasta la saciedad como verdades inmutables y que no se matizan lo suficiente para acabar siendo negativos en vez de positivos.

En ese sentido, creo que uno de esos consejos que han calado mucho, pero que en el fondo son una barrera para poder mejorar en ventas, es aquél que dice:

"El cliente siempre tiene la razón"

Y si no la tiene, la tiene…

Pero todos los que hemos estado atendiendo clientes sabemos que no siempre la tienen.

Y no pasa nada porque así sea.

Esta máxima en realidad ha hecho mucho daño, aunque en un principio fuera y siga siendo bienintencionada, siempre en pos de un mejor servicio y atención al cliente, pero que llevada al extremo se acaba convirtiendo en negativa tanto para el vendedor como para los propios intereses del cliente.

¿Por qué pienso que es un mal consejo?

Entre otras cosas, porque establece una relación desigual, como de amo y esclavo, como si el vendedor tuviera que obedecer a todos los caprichos del cliente, que no siempre necesidades.

No siempre sus quejas son quejas reales y no siempre su reclamación es del todo justa, aunque lo crea.

Dicha máxima corta también de raíz la iniciativa del vendedor para convertirse en un apoyo real del cliente, asintiendo y aceptando todo lo que pide, sin un pensamiento crítico más allá del objetivo de que el cliente esté contento en todo momento, sin molestarle, sin provocarle, sin desafiarle al cambio.

Si el cliente siempre tiene razón nunca podremos por otro lado averiguar lo que realmente necesita el cliente, pues solo atenderemos a lo que él piensa o cree que necesita (Véase: ¿Sabe el Cliente lo que quiere?)

Por otro lado, muchas veces los clientes mienten (yo también lo hago como cliente) y otras llegan incluso a ser clientes tóxicos, de los que es mejor que se vayan a la competencia.

24

Pero si seguimos la máxima de que siempre tienen razón nunca detectaríamos este tipo de clientes, ni los filtraríamos a nuestra conveniencia, atendiendo demandas que acaban siendo negativas para los intereses de la empresa.

Por supuesto, el no seguir esa máxima no quiere decir que no debamos escuchar al cliente en todo momento, sobre todo en el caso de quejas, sugerencias, etc. Intentar dar un gran servicio y experiencia al cliente, como origen de esa máxima, es positivo, pero sin llevarlo al extremo, lo cual provoca que en realidad este consejo se convierta en un mal consejo de ventas.

Sí, el cliente es el rey, pero hasta el rey se equivoca. Y darle siempre la razón sería convertirlo en tirano.

También, en la mayoría de situaciones B2B existe un proceso de negociación normal que, si siguiéramos esta máxima, hasta desaparecería o nos rendiríamos ante cualquier objeción, muchas veces injustificada, sobre precios y comparaciones con competidores, por ejemplo.

También hemos hablado muchas veces de diferenciación.

Y precisamente, el encontrar a un vendedor que no le da la razón en todo, que hasta le hace pensar y plantearse el status quo, puede ser el punto diferencial que encuentre el cliente entre una masa de vendedores sumisos, obedientes, pasivos y que no le van a aportar ese valor adicional que el cliente necesita. En ese sentido, tampoco conviene adherirse en todo momento a dicha máxima.

Si el cliente siempre tiene la razón, ¿qué pasa cuando se equivoca?

Alguien debiera estar ahí para precisamente cambiar esa situación, aprovechar esa oportunidad para alumbrar el camino correcto. Lo contrario sería dejarle a su suerte, no querer realmente ayudarle.

Se supone que somos nosotros los expertos en nuestro producto (si no es así, mal empezamos) y por ello debemos saber corregir al cliente cuando se equivoca, o cuando tiene una idea errónea de lo que el producto o servicio puede hacer por él, o cuando no es el producto adecuado para sus necesidades.

En definitiva, creer que el cliente siempre tiene la razón es un mal consejo de ventas.

Puede incluso ser el peor, sobre todo porque ya ha calado mucho en nuestra cabeza y supone una barrera para convertirse en mejor vendedor.

Es mejor crear una relación de igual a igual, en la que ambos podemos, o no, tener razón.

Somos humanos, en definitiva.

Aunque a lo mejor no tengo razón.

3. Más Allá de los 5 Obstáculos de la Venta de Zig Ziglar

"Cada venta tiene 5 obstáculos a vencer:

La no necesidad. La falta de dinero. La falta de prisa

La desconfianza. La carencia de deseo." (Zig Ziglar)

Una frase muy aceptada y repetida por los vendedores, casi como un mantra.

Pero que nunca me ha acabado de convencer del todo.

Principalmente por lo de "obstáculos a vencer".

Como si fuera una guerra.

Una pelea entre cliente y vendedor, donde pareciera que si no hay necesidad (que a veces no la hay, más allá de que en según qué casos el cliente no tiene su necesidad explícita o conocida (Ver el pensamiento nº 19), pues nada, hay que vencer dicho "obstáculo" y casi invita a "crearla" (las necesidades no se crean...ver al respecto mi primer libro)

Parece que hay que empujar y presionar en todos los casos de la lista, sin cuartel.

Igualmente, más allá de las múltiples formas de pago y financiación, si no hay presupuesto, y es verdad que a veces no lo hay, no es algo a "vencer".

Si bien, no hay que olvidar que a veces el problema fundamental es que al cliente le parece caro por que no has generado el valor suficiente hacia tu opción (el clásico valor vs. precio)

Puede también haber presupuesto o dinero, pero no tiene por qué gastarlo contigo, lo cual dependerá de otros muchos factores, por lo que no sería una condición suficiente para la venta este "obstáculo".

Por otro lado, y como se explica en el Pensamiento nº 57 sobre el método Cimap para cualificar prospectos B2B, si realmente el impacto y ROI de tu solución es lo suficientemente grande y se transmite correctamente, entonces el presupuesto aparecerá o se planificará, pues merecerá la pena invertir en ello, aunque en un principio no haya presupuesto al respecto.

Y tampoco hay que olvidar la posibilidad de ofrecer una opción menor que sí cumpla con el presupuesto limitado. En ese sentido siempre es importante el ofrecer distintas variantes de tu producto o servicio, para diferentes niveles de presupuesto.

Pero esto es distinto de forzar una venta ante la falta de capital.

Los otros obstáculos puede que sí dependan en mayor medida del vendedor.

Sobre todo la de carencia de deseo y la labor del vendedor de generarlo en la dirección de su producto o servicio, principalmente trabajando las motivaciones de tus clientes, pero aún así, la forma de plantearlo en la frase me recuerdan prácticas donde lo que primaba era el interés del vendedor por vender a toda costa, donde se planteaba la dualidad cliente/vendedor como la de una batalla, como un juego de caza o pesca donde la presa cra el cliente.

Hoy ya no se trata de cazar.

En toda batalla hay vencedores y vencidos, ganar una batalla no significa ganar la guerra, y hacer una operación no significa ganar un cliente.

Las antiguas prácticas pueden servir de forma puntual, pero hoy en día no son suficientes.

Respecto a la desconfianza, no debiera ser un obstáculo a vencer, como si fuera una piedra en el camino.

Más que una piedra a evitar, la generación de confianza debe ser una filosofía de venta, siempre encaminada a buscar la satisfacción y fidelización de tus clientes.

Una piedra sobre la que cimentar y estructurar la relación.

No una piedra a saltar.

Sino una piedra en la que basarse para vender.

(En el Pensamiento n°24 tienes 35 ideas para mejorar la confianza de tus clientes)

¿Y la prisa?

Bueno, si no hay deseo no hay prisa, si no hay seguridad o confianza tampoco, si no hay interés o beneficio evidente a corto plazo no hay urgencia.

Y si no hay necesidad, menos todavía.

A veces la prisa está más del lado del vendedor, en su urgencia por vender este mes, que en los problemas reales del cliente, que son donde hay que poner el foco.

Esto también está ligado al momento en que esté tu prospecto, que no necesariamente sea en el momento de comprar, puede por ejemplo solo estar en una fase inicial de investigación, y por tanto tu labor más que venderle es guiarle en el proceso, lo cual puede requerir el "educar" a tu potencial cliente en tu solución en vistas a un futuro acuerdo, donde sí sea adecuado crear una sensación de urgencia, más que en el momento actual y esté fuera de lugar el meter prisa ahora ya que no va a tomar acción de ninguna de las maneras.

Por otro lado, el "me lo tengo que pensar" puede deberse a muchas razones, y hay que indagar en todas ellas para dar con la clave, antes de crear ninguna sensación de prisa.

Por último, y como hemos dicho muchas veces, si no es tu tipo de cliente, no te esfuerces en venderle, ni en superar ningún obstáculo. Busca el no antes que el sí.

¿Estás de acuerdo con la frase de Zig Ziglar? Espero que tú también te lo pienses.

4. Lecciones de Ventas de los Samuráis

Muchos empresarios de todo el mundo estudian y aplican en sus empresas los principios y virtudes éticas del Código Samurái (Bushido), que tiene una gran aplicación en el campo de los negocios.

Por otro lado, el significado original de Samurái era "aquel que sirve", lo que está estrechamente relacionado con la correcta actitud del vendedor.

El antiguo código Samurái, también llamado el Camino del Guerrero, hablaba de que dicho guerrero no debía de perder sus valores básicos, pelear sin perder su humanidad.

¿Te suena?

Sí, muchas veces hemos dicho que el vendedor no debe dejar de ser persona ni olvidarse que tras cada puesto, tras cada cliente, hay una persona, con todo lo que ello implica.

El uso del término Camino en este contexto significa principios de vida, ética, una guía para vivir según un código. Los principios de vida de un guerrero.

De alguna manera todos somos guerreros, involucrados en nuestras luchas y conflictos. En ese sentido, el Bushido podría ser nuestro camino y nuestra guía en nuestras batallas individuales.

Aparte, el Samurái era o debía ser un líder en la batalla, dirigir un ejército y tomar decisiones difíciles, de ahí que las mismas fueran fieles a dichos principios.

E igualmente, los empresarios en plena "guerra comercial" deben también dirigir a su equipo, liderar con su ejemplo y no perder de vista los valores de la empresa, que no dejan de ser valores y preceptos morales universales para que puedan conectar a su vez con sus clientes.

Los principios del Bushido:

El primero de la lista es el concepto principal que puedes encontrar en artículos al respecto, y el resto son variantes que he añadido para una mejor comprensión de cada uno de ellos, las cuales matizan y completan el principal, sobre todo en relación al tema de los negocios:

- GI: Integridad/Honradez/Justicia/Rectitud/Hacer lo correcto.

- REI: Respeto/Cortesía/Educación/No ofender.

- YU: Coraje/Valor/Fortaleza de mente y espíritu/Conquistar el miedo.

- MEIYO: Honor/Orgullo/Amor propio.

- JIN: Compasión/Ayudar/Servir/Benevolencia.

- MAKOTO: Honestidad/Sinceridad/Compromiso.

- CHU: Lealtad/Deber/Responsabilidad.

Bueno, al respecto de dichos principios, vender es entre otras muchas cosas, ayudar y servir (Jin). Con honradez (Gi), con valor (Yu), con respeto (Rei) y con compromiso (Makoto)

Y también con honor, lealtad e integridad (Meiyo, Chu, Gi)

Incluso con benevolencia a tus competidores, colaboradores y empleados.

Los clientes, y el resto de gente que te rodea en tu vida profesional, recordarán tus buenos actos, sin importar lo pequeños que éstos puedan ser.

Y te serán devueltos en un futuro, de la misma manera.

Dar para recibir.

Nada nuevo bajo el sol.

También, en los negocios, el respeto juega un papel importante, pudiendo llevar a ganar o perder un contrato.

Los hombres de negocios japoneses entienden muy bien el respeto, como así he podido comprobar en mis viajes al país del sol naciente, y cuidan mucho que sus palabras, maneras o temas de conversación te puedan ofender.

Igual de importante es dicho respeto en el lugar de trabajo, no solo hacia tus jefes y superiores, sino también hacia tus compañeros y empleados. Todos ellos tienen habilidades y conocimientos que te pueden ayudar en tu trabajo, o al contrario, crear obstáculos para ti si no mantienes el mismo respeto hacia ellos.

No hablamos de una falsa cortesía, que busca solo el beneficio propio, sino de una manifestación y capacidad de empatía hacia los demás.

La confianza y el respeto se traducen siempre en una buena reputación que facilitará que los demás hagan negocios contigo.

Respecto a la honestidad y la sinceridad, hoy en día está más de moda que nunca, pues es uno de los atributos más apreciados por los clientes, que buscan sobre todo alguien en quien confiar para poder solucionar sus problemas, muy en línea también con la transparencia requerida últimamente a todas las marcas y empresas.

En definitiva, hablamos de un guerrero en el que confiar, que hará lo que dice que hará. Sus palabras no son solo promesas en el aire y no dudarás de su palabra.

Dicho de otra manera: ¿confiarías a un colaborador tuyo (por ejemplo un vendedor) manejar miles o cientos de miles de euros si no tuviera la integridad de un Samurái?…

"Con integridad, no tienes nada que temer, ya que no tienes nada que ocultar. Con integridad, tú harás lo correcto, por lo que no tendrás culpa alguna" (Zig Ziglar)

¿Y qué decir del coraje? Que va mucho más allá del valor y de la ausencia de miedo, teniendo mucho que ver con la fortaleza de mente y espíritu. La necesaria para decidir lo correcto, para conquistar el miedo a decidir, incluso cuando se pueda perder por ello un negocio o una venta.

A veces la decisión empresarial correcta puede llevar a pérdidas temporales. Siempre es tentador tomar el camino fácil de vender a toda costa, sacrificando tus principios o utilizando métodos poco éticos.

Se necesita valor para asumir la pérdida, para decir que no, o incluso para decir que sí, cuando es necesario. Coraje para tomar la decisión correcta.

Un Samurái también era Leal a su señor. Hasta la muerte.

Pero aunque no sea hasta tales extremos, ¿qué empresa no desea empleados leales y que cumplan con su deber? O igualmente, ¿no deseas un mínimo de lealtad con tus socios comerciales, tus distribuidores, tus representantes y tus vendedores?

En definitiva, la lealtad es necesaria para que el negocio lo siga siendo, entre otras muchas cosas.

Respecto al honor, ciertamente reúne un poco de todas las virtudes. Para un Samurái, el honor lo es todo, como representación del orgullo y respeto por uno mismo al cumplir todos los códigos.

El honor no se gana de la noche a la mañana, lleva tiempo y no se puede comprar con dinero. Un hombre de negocios honorable reúne todas las virtudes mencionadas y es digno de confianza y respeto, incluso frente a sus competidores.

"La reputación es lo que los demás saben de ti. El honor es lo que tú sabes de ti mismo" (Lois MacMaster)

Aunque generalmente se habla de las 7 virtudes en el Bushido, muchas veces se menciona también una octava: **Jisei –** Autocontrol/Carácter.

Y ésta última es ciertamente también muy aplicable a los vendedores. Es necesario ese autocontrol y no desvelar tus emociones y problemas personales con los clientes.

Igualmente se traduce en controlar tus gestos y tu lenguaje no verbal, tu control sobre tu cuerpo, sobre tus dudas y tus miedos que pueden afectar la confianza del cliente en el vendedor.

Autocontrol también en tus actos y en tus reuniones con los clientes. Controlar el no decir lo primero que se te viene a la cabeza y que puede no ser conveniente, ocultar tu impaciencia, tu afán por vender, tu enfado por la falta de acuerdo, o incluso ese gusto excesivo por el vino en las comidas de negocios…

Ciertamente, los códigos de los Samuráis nos recuerdan la gran esencia del servicio a los demás, el bien común y el buen hacer, para conectarnos con el B2H (Business to Human), más allá del B2B o B2C.

Aplica todos estos valores en tu empresa o emprendimiento y venderás más y mejor.

Y tú… ¿sigues el Camino del Guerrero?

¿Quieres seguir el Bushido en tu vida? ¿Y en tus ventas?

Haz tu elección y vive con ello…

Por cierto:

— Saludos, Jin, donde quiera que estés.

Sí, uno de los personajes de mi primer libro Vender Más y Mejor se llama Jin, y sí, es un Samurái.

No es casualidad.

Y juntos, entre otras muchas cosas, hablamos también de estos valores en la vida del vendedor. Si quieres conocerle, ya sabes.

5. No nos Gusta que nos Vendan

Una frase muy extendida y aceptada.

Casi un mantra de las ventas.

Pero en realidad, no es que no nos guste que nos vendan.

No nos gusta que nos vendan mal.

Ni que nos intenten engañar o manipular.

Pero si me ayudan a encontrar un gran producto que me resuelve un gran problema o que me proporciona una gran experiencia…

¡Ah!, eso sí nos gusta.

Si resuelven mis dudas y me dan la información que requiero para tenerlo claro.

Si eliminan el miedo a equivocarme y los riesgos de la compra.

Si me lo ponen fácil y me ahorran tiempo, esfuerzo y dinero…

¡Ah!, entonces no me importa que me vendan así.

Si resuelven mis problemas, necesidades y deseos de forma positiva y sabiendo que no habrá sorpresas…

¡Ah!, así sí.

Si me tratan como quiero que me traten, si consiguen que conecte con el vendedor, si me da confianza y me siento escuchado, entendido, bien atendido y siento que tienen interés por ayudarme…

¡Ah!, me pueden vender así.

Lo que no nos gusta es la mala venta.

La buena, sí.

6. ¿Vendes el Taladro o el Agujero? (en cualquier caso te estás quedando corto)

Probablemente una de las citas más famosas en marketing, y que ha resonado en muchas cabezas de los vendedores con gran aprobación, es aquella de:

"El cliente no quiere comprar un taladro, lo que quiere es un agujero".

El autor de la famosa cita del taladro era el profesor de la Escuela de Negocios de Harvard, Theodore Levitt.

Y tiene su sentido, la gente no quiere el producto o sus características, sino **lo que puede hacer por ellos**, los beneficios y resultados.

Aquello de que no te debes centrar en tu producto sino en las necesidades y problemas de los clientes.

Hoy sigue siendo cierto, posiblemente más que nunca.

Y muchos estarán de acuerdo con la famosa frase.

Pero no es suficiente…

Más allá de sus necesidades **es también muy importante lo que mueve al cliente**, sus motivaciones y deseos personales.

Un agujero en la pared, aunque sea como metáfora del problema, no es por lo que paga el cliente. Por lo menos, no solo por eso.

Tu cliente no quiere un agujero… a lo mejor, y por ejemplo, lo que quiere es colgar un cuadro de sus últimas vacaciones en Bali para que lo vean sus amigos y darles envidia cada vez que entren en casa.

Hay que ir más allá del agujero.

En el ejemplo mencionado, la motivación puede ser en este caso el orgullo, que responde a necesidades sociales y jerárquicas, pero suele haber también otras, que siempre hay que descubrir y estimular.

Algunos dirán que con el taladro puedes también hacer otras cosas, por ejemplo como herramienta para hacer un mueble. Pero su capacidad para resolver esto no es lo que le interesa a tu cliente. Posiblemente, imagina ese mueble en un sitio de relax, en el porche, con la familia y amigos, en una fiesta, como parte de una visión mayor.

Lo que les hace su vida mejor.

Más felices.

Así pues, a la hora de hacer planes de marketing y ventas de tu producto, pregúntate:

¿Es ésta la verdadera razón por la que alguien se sentirá motivado a gastar dinero en mi producto o servicio? ¿O tengo que dar un paso o dos más allá?

Sí, hay que vender los resultados, los beneficios y no el producto o sus características. Pero busca siempre también el siguiente paso.

Los resultados inmediatos (el agujero o el mueble) son importantes y pueden integrarse en tu mensaje. Pero en realidad no son más que un medio para alcanzar un fin, y deben usarse para mostrar cómo ayudan a tu cliente a alcanzar el verdadero resultado final buscado (el que le motiva realmente)

Así pues, no te quedes corto con tus clientes y entiende las diferencias entre necesidades y motivaciones (al respecto, ya hablé de ellas, y sus diferencias, en libros anteriores)

Luego ya lo aplicas tú a cualquier producto, sean taladros u otra cosa.

A fin de cuentas es por lo que realmente pagan tus clientes.

7. Beneficios Vs. Características (¿qué Funciona Mejor para Vender?)

Hay una tendencia últimamente a darle mucha importancia a vender beneficios.

En realidad a vender SOLO beneficios.

Poner mucho énfasis en lo que hace el producto por ellos, por mejorar su vida, su negocio, por cumplir con sus necesidades y motivaciones.

Incluso te dicen que dejes de hablar de características.

La mayoría te dicen algo similar.

Pero cuando los clientes deciden comprar (o no comprar), tienen en cuenta tanto los beneficios como las características.

Aunque al final decidan sobre todo por los beneficios, en primera instancia las características y funciones tienen gran importancia.

Pero se ven muchos consejos en internet y en cursos de ventas al respecto que hablan de no vender características y centrarse solo en los beneficios.

Se dice también que los beneficios venden y que las características solo informan.

Pero yo he comprado muchas veces solo por características.

Sobre todo en aquellos casos en que los beneficios están implícitos y bien conocidos, se dan por supuesto y no necesito que ningún vendedor me los explique.

Supongo que seré extraterrestre.

Igualmente, si solo se mencionan beneficios y no tengo conocimiento suficiente sobre el producto en sí, si me falta información sobre características, me quedo como estoy y no me dice gran cosa.

Luego hay que pensar que hay muchos beneficios que son emocionales, subjetivos, que dependen mucho de la persona, y no tienen por qué coincidir con los que tú o tu marca queréis destacar y vender.

Así pues, el caso es que depende mucho del mercado y del producto.

Y del tipo de cliente.

Cuando nos bombardean todos los días con opciones, las características también nos ayudan a decidir, sobre todo a la hora de buscar y limitar el gran número de opciones.

En un mercado "saturado", donde los clientes ya están

familiarizados con los beneficios generales de un producto o servicio, las características y funciones ayudan a vender, sobre todo a la primera criba para diferenciar una marca de otra. En ese sentido, es necesario mencionar las características y no olvidarse de ellas en un mercado así.

Luego el cliente ya buscará los beneficios que más le convencen y persuaden dentro de ese filtrado de opciones.

Un ejemplo sería el mercado de móviles. Yo mismo, y mucha gente también, busca primero por características, como puede ser el tamaño de pantalla, la resolución de la cámara, la memoria, etc.

Mira, hace poco recibí el email promocional de Apple sobre su último iPad mini.

Adivina qué ponía en las primeras líneas: "Megapotencia. Talla mini", "Pantalla Liquid Retina de 8,3 pulgadas", "Ultra gran angular central de 12Mpx", "Supervelocidad 5G", etc.

Todo ello son características, no hablan para nada de lo que pueden hacer por los clientes de Apple, de los beneficios de dichas funciones, ni de cómo facilitan la vida al cliente.

Y hablamos de Apple, que siempre decimos que venden más que móviles; decimos muchas veces que venden ideas, diseño, status, seguridad, creatividad, facilidad, etc.

Sí, venden intangibles y beneficios que luego sí ya mencionan.

Por ejemplo, una vez entras dentro de la página del producto, te dicen que "gracias a la conectividad 5G puedes conectarte a las redes inalámbricas más veloces que existen para descargar archivos, ver pelis o hablar con tus amigos cuando y donde te apetezca", pero primero hablan de las características, sobre todo las diferenciales, las que le hacen destacar entre tanto ruido.

Hablamos de mercados saturados y bien conocidos por los clientes. Mientras que por el contrario, si el producto o servicio es relativamente nuevo en el mercado, o no es conocido por los clientes, la diferenciación inicial centrada sobre todo en beneficios ayuda al cliente a validar sus opciones, más que un discurso basado en características que no tienen por qué sugerirles nada de forma inmediata al cliente.

Así pues, en ese tipo de mercado la forma de atraer al cliente es a través de los beneficios.

Pero como hemos dicho depende del mercado, del producto y del conocimiento relativo del cliente.

No se trata solo de vender beneficios. Ni solo de vender características.

Hay que destacar tanto los beneficios como las características.

Tiene que haber un equilibrio.

Habrá casos en que si ponemos demasiado énfasis en las características no conectaremos con clientes que están más interesados en beneficios o ventajas.

Y viceversa.

Hay que vender cada característica con su beneficio, **y adaptar el mensaje al tipo de cliente.**

Ahora bien, es muy importante vender beneficios que sean

distintos a los de tu competencia, resolver problemas que los demás no están solucionando, o no de la misma manera que lo hace tu producto: vender ventajas competitivas.

En ese sentido, es muy importante destacar tanto las características diferenciales como beneficios diferenciales.

Aquellos que aportan un valor adicional, que ayudan a construir marca y a no vender solo por precio.

Diferenciales.

¡Nunca dejaremos de insistir en la importancia de diferenciarse!

Lo dicho, debes analizar tu tipo de público y mercado y a partir de ello decidir cuándo hablar principalmente de tus beneficios y cuándo destacar tus características.

En cualquier caso, usar siempre ambos en tu discurso de ventas.

Si bien, hay que recordar que lo que tú piensas que son beneficios y características relevantes o que debieran destacar, no tienen por qué serlo para todos los clientes.

Habrá muchos que le dan importancia a características que en principio tú no consideres importantes y a soluciones de sus problemas que tú desconozcas o que no pienses sean los principales beneficios de tu producto o servicio.

¿Cómo se soluciona esto?

Como siempre, preguntando.

Preguntando mucho, pero con preguntas de calidad, dirigidas a descubrir precisamente eso (Véase el Pensamiento nº 22)

Una vez sepas lo que realmente necesita y puede mover al cliente a actuar (o a no actuar y quedarse como está) la clave está en seleccionar que pares de características+beneficios pueden, esta vez sí, resonar en sus oídos con el impacto suficiente para que deje de buscar más opciones.

Y tú ser la mejor o única opción.

Que sí, que hay que vender sensaciones, experiencias y emociones.

Pero en combinación selectiva con las funciones y características de tu producto que realmente busca tu cliente.

El cliente necesita saber porqué debería comprar, pero también quiere saber lo que está comprando.

Volvemos a lo de siempre.

Convencer y persuadir (ambos)

Razón y emoción.

Cabeza y corazón.

Cliente y vendedor.

El justo equilibrio de las ventas.

El que debes buscar para vender más y mejor.

8. La Clave de tu Propuesta de Valor B2B

Se habla mucho de cómo crear la propuesta de valor a tus clientes. Ríos de tinta al respecto.

Tanto que al final nos olvidamos de algo fundamental.

Y es que aparte de los posibles beneficios, ahorro de costes, experiencias, etc. que podamos resaltar en nuestra propuesta de valor B2B, siempre, siempre, la última palabra la tiene el cliente.

Lo que persuade a un cliente puede no ser de valor para otro cliente distinto.

Si le preguntamos a muchos directores de ventas sobre la propuesta de valor de su negocio, seguramente tendremos un bonito listado de todos los beneficios que ellos consideran su producto puede proporcionar a sus clientes objetivo.

La clave aquí es "consideran".

Lo que ellos creen que produce un resultado inequívoco.

La funcionalidad "X" proporciona el beneficio "Y".

Y apuestan por reclamar dichas bondades en su cacareada propuesta de valor, en sus presentaciones y en sus ofertas.

Es decir, intentan responder a aquello de **"¿Por qué me deben de comprar a mí?"**

Pero no siempre es así. Y de hecho para muchos clientes el beneficio "Y" no es tal o es irrelevante para ellos.

Por otro lado, si dicho beneficio es similar al que también ofrece su competencia, entonces dicho "beneficio" no tiene el valor esperado ante el cliente que tú reclamas con tanto ahínco.

Y la propuesta de valor se diluye cual azucarillo.

Lo mismo pasa si te basas en 3, 5 o 10 beneficios, que resultan ser iguales o similares que los que tiene tu competencia.

¿Qué hace el cliente?

Pues pedir a ambos la mejor oferta, y pelear solo por precio.

Así pues, no solo tienes que responder a "¿Por qué te tienen que comprar a ti?" sino "**¿Por qué a ti y NO a tu competencia?**"

Una propuesta de valor diferenciada.

Vamos afinando.

Pero no es suficiente.

Sí, debes diferenciar tu oferta de la mejor alternativa que tenga el cliente.

Y ello requiere conocer muy bien dicha alternativa, ya sea la oferta de tu competencia o resolviendo el problema de una forma diferente.

O también no resolviéndolo, no hacer nada, y mantener el "status quo", el cual muchas veces es la principal alternativa del cliente.

Pero repito que no es suficiente.

Puedes estar enfatizando varios puntos diferenciales, pero éstos no ser de valor suficiente para el cliente.

Sin una comprensión profunda de las preferencias del cliente, podemos caer en la trampa de presuponer que todos los valores beneficiosos y puntos diferenciales que proponemos deben ser valiosos para el cliente.

A lo mejor, de los diez que reclamamos, solo uno resuena en su cabeza.

Y a lo mejor, nosotros insistimos en el que no lo hace.

Por no hablar de cuando pensamos que nuestra propuesta es superior, mejor que la competencia, pero nuestro cliente, por la razón que sea, no lo entiende así.

A lo mejor valora 3 puntos positivos en nuestra oferta, y otros 3 puntos distintos también positivos en la de tu competencia.

Y no valora tan positivamente otros dos nuestros, mientras que de la competencia puede no valorar otros cuatro.

Y no tienen por qué tener el mismo valor para el cliente cada uno de ellos.

Por lo que la decisión del cliente se hace todavía más compleja y difícil.

La cosa se lía…

A lo mejor, ya lo vas entendiendo.

O sea, ya no solo necesitas responder por qué te debieran comprar a ti y no a tu competencia, sino qué valores específicos de tu propuesta son los que realmente aprecia el cliente para decidirse por ti, los que él percibe como superiores y más beneficiosos.

Y esos serán los que hay que trabajar y resaltar en la propuesta al cliente.

No vale asumir de antemano el valor.

Hay que investigar el valor de tu propuesta que realmente apreciará el cliente. Hay que investigar al cliente, el contexto, la situación, sus problemas, sus necesidades reales, sus motivaciones, etc.

Y ese es el meollo de la cuestión…

A pesar de toda la tinta al respecto de crear tu propuesta de valor B2B, pocos proveedores hacen realmente la investigación del valor que realmente aprecia un cliente específico, pues requiere tiempo, esfuerzo, persistencia y hasta creatividad.

Por no hablar que incluso averiguando qué valores son los que resuenan en la mente del cliente, luego hay que "sostenerlos". Es decir, probar y demostrar que tenemos la capacidad para proporcionar lo prometido, ya sea en términos de tecnología, personal, servicios, un claro retorno de la inversión, etc.

Puede querer comprar esa promesa de valor, por la que incluso estaría dispuesto a pagar un precio mayor que el de la competencia, pero no tener la suficiente confianza en nuestra empresa, producto, servicio o en el propio vendedor.

En definitiva, puedes crear una maravillosa propuesta de valor, utilizando los miles de caminos y métodos que puedes encontrar en internet al respecto, mapas y canvas de valor, buyer personas, tablas de beneficios tangibles e intangibles, diferenciales, etc.

Pero luego hay que validarla CON el cliente.

Con cada uno de ellos.

No vale el copia-pega, ni el café para todos.

Construir y adaptar tu propuesta en cada oportunidad,

identificando lo que realmente puede resonar en cada caso para decidirse a comprar, y cómo fundamentarlo.

Partir del problema a la solución.

Y no al revés.

Tu propuesta de valor debe estar siempre en modo de prueba y error, ganando experiencia, mejorándola y retroalimentándose para la siguiente oportunidad.

Y así es como construirás Valor del bueno, con mayúsculas.

Una propuesta que realmente ayudará a tus clientes a justificar su decisión de compra.

Aquello de "el hombre propone y Dios dispone".

Pues eso.

Tu propuesta de valor B2B depende de tu cliente.

ÉL es el que le da valor.

No tú.

Ahora sí podemos terminar la famosa frase, la clave para desarrollar tu propuesta de valor B2B, respondiendo a: **"Por qué me tienen que comprar a mí y no a tu competencia, de forma fundamentada, y además coincide con lo que es realmente relevante y superior desde el punto de vista de este cliente específico".**

Hala, a trabajar en ello.

Y con ellos.

9. ¿Dónde usar tu Propuesta de Valor?

En el Pensamiento anterior, hemos resaltado la importancia de tu Propuesta de Valor. Pero siempre es bueno completar y complementar las ideas, esperando os sean útiles, que de eso se trata.

Todas las propuestas de valor pretenden transmitir como solucionar algún problema del cliente utilizando alguna ventaja competitiva de la empresa.

Para ello hay que hacer combinaciones de **posibles beneficios/problemas del cliente/tareas a resolver por el cliente/soluciones de dichos problemas**. Se trata de hacer variaciones e ir probando qué funciona mejor.

Estas propuestas de venta pueden servir como mensaje de presentación o como mensaje adicional a otros textos.

Se puede probar y usar en los diferentes canales de la empresa, como por ejemplo:

- **En tus Redes sociales**: Linkedin, Twitter, Facebook, etc., en cabeceras personales, mensajes internos, en publicaciones, descripción de empresa, etc.
- **Emails**: tanto en emails fríos con potenciales clientes, combinado con un cuerpo de mensaje adicional, como en comunicaciones durante todo el proceso de venta con cualquier cliente. Hay empresas que, dependiendo del tamaño del mensaje, si es corto, incluso lo añaden a su firma.
- **Llamadas frías a potenciales clientes**: como parte de la presentación, o del argumentario.
- **Cara a cara**: durante visitas y entrevistas con clientes, ya sean nuevos, primeras citas o subsiguientes, como "mantra"

introductorio, o como mensaje que se puede adaptar según las circunstancias y recalcar lo que hacemos en algún momento de la conversación.

- **Documentación comercial**: se puede incluir en presentaciones, catálogos, panfletos, en la propia web. Muchas empresas suele ser la primera frase que ponen nada más entrar en la web, sobre todo si es el caso de una propuesta diferencial.
- **En entrevistas a la empresa** (por revistas, organismos, prensa): como base inicial para responder a "¿qué hacéis?". Y luego completar con más explicación la respuesta.

También hay que pensar si dicha propuesta es igual o parecida a la que puede hacer la competencia; es decir, lo ideal es que fuera única, diferencial (y si lo es sería una Propuesta Única de Venta), pero eso es la parte difícil, el llegar a entender qué nos diferencia realmente, y por qué nos eligen los clientes.

En cualquier caso, lo dicho, toda propuesta de valor se basa en solucionar problemas (y lo que algunos llaman "puntos de dolor", aunque a mí nunca me ha gustado esa expresión), y son dichos problemas los que hay que afinar para mejorar el mensaje.

En internet podéis encontrar varias fórmulas típicas y variantes de propuestas de valor que pueden adaptarse a discreción y según las circunstancias y el medio.

Pero lo importante no es la fórmula que uséis, sino que hayáis trabajado previamente en buscar y listar todos esos problemas, beneficios y soluciones para cada tipo de cliente de tu empresa, así como los posibles diferenciales.

¡Suerte y al toro!

10. La Diferenciación Relevante

Hemos dicho muchas veces que tenemos que diferenciarnos para poder vender más y mejor (Ya en el capítulo 4 de 51 Consejos de Ventas listé 6+6 claves para diferenciarte de la competencia que conviene analizar para adaptar a tu producto o servicio particular, así como otras consideraciones para vender ventajas competitivas)

Pero conviene darle otra vuelta más, ya que diferenciarse es un esfuerzo que merece la pena hacer.

Muchas compañías y productos no se diferencian, nos parecen todos iguales.

Pero por eso mismo acaban sufriendo, y mucho. Ofrecen lo mismo y los clientes se van a las opciones más baratas.

Es decir, que si ofreces más de lo mismo al final se acaba compitiendo solo por precio.

Entramos en las famosas guerras de precios, donde no gana nadie (ni siquiera el usuario o consumidor final)

En cualquier caso, tarde o temprano, la competencia lo hará más barato.

Y como se ha dicho muchas veces, **el cliente que viene por precio, por precio se va**.

Pero dicha diferenciación tiene que ser relevante, o no será tal, no nos diferenciaremos realmente.

Para ello hay ciertos requisitos que tenemos que cumplir:

El valor de la diferencia lo marca el cliente

Tenemos que buscar valores y ventajas diferenciales, pero tienen que ser los que el cliente aprecie. Si el cliente no está dispuesto a pagar por ello, por muy diferente que sea, no es un valor añadido sino todo lo contrario.

El valor de ese diferencial lo marca el cliente.

Se trata pues de mirar a través de los ojos de nuestros clientes, ellos son los que le dan el autentico valor a nuestro producto y a nuestro valor diferencial.

Por eso es imprescindible identificar lo que realmente le preocupa, lo que quiere, adaptarse a sus exigencias y dárselo de forma distinta a como lo hace la competencia.

Transmitir correctamente la diferencia.

Podemos creer que nos estamos diferenciando, y no ser así.

Lo que importa es como lo ve el cliente.

Y por eso muchas veces el problema es que no se transmite bien esa diferencia.

Explique a sus clientes porqué su producto o servicio cuesta lo que cuesta.

Se trata de saber comunicar a los clientes dicha diferencia y hacerles entender porqué es preferible que la de los competidores.

Dicha comunicación debe hacerse en conjunto con la imagen de marca, de forma que el valor diferencial y la marca definan la posición y ventaja competitiva en el mercado en la mente del cliente.

Construir relación de largo plazo

Otro de los aspectos de esta diferenciación relevante es que tiene que poder construir una relación con el cliente para serlo.

Generalmente la relación que construimos es la de precio, insistimos en que tenemos un muy buen precio, pero no nos enfocamos en asentar el valor diferencial, el que nos permitirá subir los precios, en el valor que realmente entregamos para poder superar las expectativas del cliente.

Si solo les invitamos a que nos compren por precio no nos podremos centrar en el valor que le generamos al cliente.

Valor que debe ser el que fundamente una relación a largo plazo.

Genuina actitud de ayudar al cliente

De eso se trata, de ayudar al cliente, en su vida, en su negocio, con sus proyectos, ilusiones, planes y retos.

Si construimos nuestra relación en base a eso, en ayudar al cliente de forma genuina, estará dispuesto a pagar por ello.

Si no generamos valor de forma genuina, no nos comprará, no nos recomendará, y volveremos a la espiral de precios…

Resumiendo lo que hemos dicho, las principales ideas para empezar a diferenciarnos son:

- El valor de la diferencia lo marca el cliente.
- Transmitir correctamente la diferencia.
- Construir relación de largo plazo.
- Genuina actitud de ayudar al cliente.

Y todo ello es lo que configura **que nuestra diferenciación sea relevante**.

Sea cual sea el camino que elijas, en un mercado tan competitivo es necesario dar al cliente razones de compra que nos diferencien de los demás, darle nuevas y mejores opciones y soluciones.

Lo fácil es bajar el precio.

Lo difícil es buscar los valores añadidos que te van a permitir incluso subir dicho precio.

En muchas empresas y vendedores el problema es identificar las posibles fuentes de diferenciación, y seguro que tienen muchas que se pasan por alto.

!Busca y vende tu diferencia!

11. ¿Vendes a Homer Simpson o a Mr. Spock?

"La felicidad es un equilibrio entre la razón y el deseo."
(Aristóteles)

Hoy una pregunta, para que pienses un poco.

No te hace daño.

El pensar me refiero, no la pregunta.

A ver.

En tu negocio o trabajo, ¿vendes a Homer Simpson o a Mr. Spock?

Seguro que los conoces.

El popular personaje de Star Trek, Mr. Spock, es racional, analítico, calculador, frío, correcto y puedes confiar en su criterio.

Por otro lado, Homer Simpson, el personaje principal de la serie animada de televisión Los Simpson, es impulsivo, impredecible, emocional, intuitivo y vendería su alma por una rosquilla.

Spock tiene la misión de que no se estrelle la nave Enterprise a las primeras de cambio, por lo que no puede permitir que Homer tripule en todo momento, aunque a veces le deja divertirse.

Así pues, ¿tus clientes son más como Homer o como Spock?

¿Ya lo pensaste?

…

En realidad vendes siempre a ambos.

Siempre.

Habrás oído muchas veces aquello de que **compramos emocionalmente y justificamos nuestra decisión con la razón.**

Si bien, hay compras más impulsivas, de productos sencillos, de bajo valor, donde confiamos más en la experiencia e intuición de Homer.

Pero en compras de productos complejos, de alto valor y repercusión, es Spock el que decidirá tras un análisis completo y exhaustivo de todas las opciones, aunque Homer intente siempre influir.

En definitiva, si no te diriges a la cabeza y al corazón del cliente, con argumentos y emociones que le convencen y persuaden, no venderás.

No puedes dejar de vender a Spock ni a Homer.

Somos ambos.

La razón y el corazón.

Humanos.

Aunque el porcentaje variará en cada caso.

Yo creo, más allá de los expertos y los gurús del conductismo humano, que no hay un porcentaje constante de corazón/razón o en su caso de inconsciente/consciente.

Todos hemos leído la frase famosa de que el 95% de las decisiones de compra son inconscientes (originaria del doctor Gerald Zaltman de Harvard), y que de alguna manera las emociones son el resultado por el que la parte inconsciente "comunica su decisión" a la parte más racional, y de ahí el que compramos por emociones.

Pero también es verdad que en según qué mercados, sobre todo B2B y productos de alto valor, dicha decisión, cuanto mayor es el precio de un producto y el proceso de decisión más largo, más razonada y técnica es la compra.

Aunque hay una parte emocional siempre, no tiene por qué ser el porcentaje citado y dependerá de la situación, del contexto y del tipo de mercado.

Así pues, siempre prepárate para venderle a ambos.

Si solo le vendes a uno, malo.

12. ¿Escondes tu Precio a tus Clientes?

Este Pensamiento Vendedor tiene mucho de reflexión. Y de debate.

En este caso sobre tu precio.

Hay mucha discusión al respecto, y mucha casuística dependiendo del mercado y el producto, pero es interesante que en vuestro caso os hagáis la pregunta.

¿Qué es mejor con un cliente?:

- Aclarar tu precio al principio.
- Dar el precio al final.
- En medio de la conversación.

¿Cuál elegís o seguís?

Os invito a pensar un poco al respecto.

Siempre se ha hablado en todos los manuales de ventas, como una regla sí escrita, de que primero hay que vender los beneficios y luego dar el precio, y no al contrario.

Que si explicas bien las bondades del producto luego el precio entra mejor.

Muchas veces será aplicable, aconsejable, no te voy a decir que no.

Pero a mí no me gustan las reglas ni las leyes universales.

Sobre todo en ventas B2B.

Así pues, voy a hacer un poco de abogado del diablo…

Traducido, ponerme en el lugar del cliente y lo que muchas veces sucede.

A mí, por lo menos, me sucede. Y estoy seguro que a mucha gente también.

Yo como cliente, cuando he tenido que comprar algo de un valor ya elevado, y tengo al vendedor enfrente hablándome de todos los beneficios, de su propuesta escrita, en la que siempre el precio está al final, pues siempre me pongo muy nervioso... y casi que no presto atención a lo que el vendedor me está contando.

No le escucho. Y paso por alto todos sus argumentos. Y va aumentando mi resistencia a un posible trato cuanto más tiempo pasa.

No le presto la atención debida porque tengo ansiedad por conocer el precio, o si es algo que me puedo permitir.

Y por mucho que me destaque los muchos beneficios y ventajas, y bla, bla, bla, que no, que no le atiendo bien, que no me entero, que tengo ansiedad...

De hecho estoy todo el rato pensando "¿Y cuánto me va a costar esto?... ¿pero cuánto?..., hasta el punto muchas veces de tener que interrumpir al vendedor y preguntarle directamente: "sí, si todo eso está muy bien, pero ¿cuánto cuesta?..."

Y lo mismo aplica para una presentación multitudinaria. Siempre hay alguien que interrumpe para preguntar el precio...

El ser humano es así.

Somos así.

Muchos diréis que es un error de entrada, de base, y que si se ha calificado bien al cliente (según lo dicho del BANT en 51 Consejos de Ventas) debiera ya ser un cliente cuyo presupuesto y expectativas del coste entra dentro del rango de precios de nuestra propuesta.

Y por ahí van a veces los tiros.

Muchas veces es necesario de entrada confirmar que el cliente está de acuerdo en dicho rango de precios. Sin que sea necesario decir el precio exacto final, pero por lo menos una idea que no le haga sentirse nervioso o ansioso durante la presentación o charla del vendedor.

Esperar a comunicar el precio al final pone a muchos clientes a la defensiva.

¿Entonces, es mejor dar el precio al principio o al final?

Pues,… depende.

En este caso, depende de observar a tu cliente. Y entender que si está nervioso, ansioso, preocupado por el precio, lo mismo es necesario olvidarse de leyes ni formulas mágicas para vender, y poner las cartas sobre la mesa.

Por otro lado, si muestras mucho empeño en esconder tu precio, tampoco parece entonces que tengas mucha seguridad en poder defenderlo. Creas desconfianza.

Pero si confías en que tu solución vale lo que vale, y sabes demostrarlo, ¿qué razón hay para esconderlo?

Si tenemos miedo a darlo, parece que no confiáramos en que fuera un precio justo o razonable.

A veces es bueno también, y eso es decisión del vendedor en cada caso particular, el poner por delante el coste de la inversión, acompañado también del mayor beneficio o diferencial si quieres, y luego explicar por qué tu propuesta es la mejor solución para su problema, entrar en más detalles, y hablar ya de forma más tranquila.

Quitarle esa ansiedad, si es que la tiene, al cliente.

Otras veces será lo contrario.

Y otras, hacerlo a la mitad, con el clásico sándwich de beneficios+precio+beneficios adicionales.

Lo dicho, esto no es un consejo, ni mucho menos una ley, simplemente una reflexión y una invitación para que no sigáis siempre un guión de forma mecánica, para que tengáis libertad y criterio, para que el foco esté en el cliente y en cómo se siente a veces.

De hecho, puede pasar que dándole esa seguridad, en ti y en tu propuesta, el precio sea secundario, por que de entrada te has ganado su confianza, y por lo menos ya has hecho algo diferente que el resto de vendedores que no hablan claro desde el principio.

Por otro lado, si resulta que no estamos en la misma línea, y es imposible que ese precio o rango de precios encaje en su presupuesto, lo mejor es saberlo cuanto antes y que no perdamos ambos el tiempo.

En definitiva, no hay que tener miedo de dar el precio si tienes un buen argumentario de beneficios de tu producto o servicio y de las necesidades que cubre. Sobre todo si tu propuesta aporta beneficios claros y tangibles que contrarrestan el posible peso del precio.

A muchos esto les parecerá una herejía.

Y me condenarán a la hoguera.

Muchos piensan que si no se habla primero de beneficios el cliente no va a entender por qué vale lo que vale. Que hay que hablar de valor antes que de precio.

Y puede que tengan razón. O puede que no.

Y que no haya respuesta única.

En cualquier caso, me da igual lo que piense la Santa Inquisición del Tribunal de Ventas y otros gurús.

Yo no soy ni gurú ni iluminado.

Sino simplemente un eterno estudiante en este mundo de las ventas al que le gusta compartir sus pensamientos y reflexiones.

Así pues, si por lo menos, lector, te he hecho pensar, lo mismo ya hemos ganado algo.

A lo mejor empiezas a pensar que el precio solo es una variable más entre muchas otras, y no necesariamente la más importante.

A lo mejor.

13. El Nuevo Reto de los Vendedores

Esto es algo que no se dice mucho.

Un nuevo desafío para el vendedor.

Posiblemente uno de los mayores hoy en día junto con el otro que puede ser el del auge de la inteligencia artificial.

Aunque no se trata de la IA. Pero la puede requerir.

Al lío.

Y es que los vendedores, hoy en día, entre todas las muchas habilidades que se le piden, también tienen que **aprender a ser buenos escritores y generadores de contenido**.

Todo el nuevo social selling, inbound marketing, lead nurturing, etc., le obligan de alguna manera al vendedor a escribir también.

En cualquier caso, sin meterse en el terreno del Dpto. de Marketing, pero sí alineados con ellos.

Aparte, muchas pymes/micropymes no tienen tal departamento de marketing, y recae en el personal de ventas la creación de todo tipo de contenidos.

Por ejemplo, en España, del total de empresas, más del 90% son microempresas (de ellas, más de la mitad son sin asalariados, un porcentaje muy elevado son de 1 a 2 o 3-5 asalariados, etc.) con lo cual no da para tener un departamento de marketing interno.

E incluso las empresas un poco más grandes, aún teniéndolo, el dpto. de marketing no se va a ocupar de hacer las presentaciones del comercial a sus clientes ni tampoco la infinidad de cruce de emails con los mismos ni la preparación personalizada de ofertas/propuestas comerciales, etc., con lo que el reto del vendedor escritor sigue estando ahí como una habilidad clave a desarrollar y mejorar.

Los vendedores, entre otras cosas, escriben:

- Contenido para atraer a sus clientes
- Contenido para presentaciones (presenciales o webinars) y reuniones.
- Publicaciones en Linkedin u otras redes sociales.
- Persuasivos textos de emails o mensajería con sus clientes y prospectos.
- Contenido en forma de artículos, casos de éxito, soluciones técnicas, how-tos, comparativas de productos y soluciones.

- Redactan propuestas, presupuestos y ofertas de valor diferenciado.

- Deben muchas veces también elaborar catálogos, folletos, campañas, contenido web, etc.

Y en general, el poner muchas veces en palabras escritas lo que no se puede siempre hacer en persona con el cliente.

En definitiva, tienen que añadir a sus múltiples habilidades la de ser unos buenos escritores y redactores de contenido comercial y saber comunicar.

Ser expertos en el arte de escribir para generar atención y deseo de compra.

Casi nada.

¡Un gran reto para el vendedor!

Bueno, siempre hemos dicho que el vendedor de hoy en día tiene que ser polivalente, híbrido, adaptable, todoterreno, resiliente, siempre con ganas de aprender y con disciplina.

Y encima, ¡ser creativos!

Cada día más, para poder diferenciarse de la competencia.

La comunicación, la persuasión, y también si así quieres llamarlo, el copywriting, como otra habilidad más.

Aunque tanta polivalencia debiera también estar bien pagada, ¿no?

Eso sería un buen tema de discusión para otro día...

14. 101 Ideas de Contenido para tus Redes Sociales

Así pues, y al respecto de crear contenido del Pensamiento anterior, viene a cuento este listado.

Antes de ir con el mismo, me gustaría sugerirte **3 simples claves para mejorar tu contenido en Redes Sociales**.

Hay muchos consejos para crear un contenido que enganche a tu audiencia y que te ayude a destacar. De entre todos ellos hay tres que pienso son fundamentales y que te ayudarán a vender tu producto o servicio si los incluyes en tu contenido:

1. Debes evocar emociones.

2. Intenta combinar información y entretenimiento (infotainment)

3. Procura solucionar un problema o necesidad.

En cualquiera de ellos debes intentar sorprender a tu audiencia, interrumpir sus pensamientos, posiblemente con algo inesperado, que por ejemplo puede ser una historia.

Por otro lado, si no sabes qué publicar en tus redes sociales, si te has quedado en blanco, si necesitas ideas, espero también que este listado de 101 ideas de contenido te puedan inspirar (aunque el artículo estaba en principio dirigido a Linkedin, la mayoría de las ideas son también aplicables a otras redes sociales)

Como hemos dicho antes, un nuevo reto para los vendedores hoy en día, a añadir a sus múltiples habilidades, es que también tienen que aprender a ser generadores de contenido.

En ese sentido, este listado de ideas generales para crear contenido en tus redes sociales está dirigido a animarte a publicar, y dirigido principalmente a:

- A todos aquellos vendedores y comerciales que no suben contenido porque no tienen claro qué escribir.
- A todos aquellos que se limitan a compartir contenido de terceros, lo cual está muy bien, y es estupendo que se comparta cuanto más mejor, pero también es aconsejable crear contenido propio de vez en cuando.
- Y finalmente, a todos aquellos que sí publican contenidos propios, pero que necesitan analizar nuevas ideas y opciones.

Independientemente del alcance o retorno profesional que esperes de publicar contenido propio, resulta interesante y enriquecedor el hacerlo.

Es un gran ejercicio y te animo a publicar. A mí también me animaron, así que también animo a los demás.

Recuerda que tan importante como crear buen contenido es saber para quién lo estás creando, y por ello es también esencial que definas cuál es tu público objetivo y pensar qué tipo de contenido puede ser relevante para ellos.

No es un listado exhaustivo ni tampoco están ordenadas por ningún criterio específico. Muchas de ellas debes de adaptarlas a tu sector y/o situación profesional específica, lo que hará que no todas sean aplicables, pero no descartes ninguna posibilidad de antemano:

.

101 Ideas de Contenido para Redes Sociales

1. Comparte experiencias profesionales y/o personales importantes para ti y que tengan valor para tu audiencia. Cuenta tus propias historias, sobre tu trabajo, sobre tu vida, sobre tu experiencia comercial, o incluso historias de ficción que de alguna manera puedan llegar a conectar con tu público objetivo.

2. Comparte frases o citas motivadoras e inspiradoras, mejor si las enriqueces con tus propias ideas y comentarios a la cita.

3. Crea imágenes propias, y mejor con frases tuyas (¡no te olvides de ser creativo!)

4. Comparte ofertas de empleo (sobre todo de tu sector)

5. Comparte experiencias de entrevistas con clientes.

6. Comparte tips, consejos, ideas e información valiosa para tus seguidores respecto de tu producto, negocio, experiencia, etc. ¡Comparte lo que sabes!

7. Explica cómo tu producto o servicio está cambiando el negocio, la industria o el sector específico (si es así)

8. Comparte también lo que no sabes, pregunta a tu red sobre algo que desconoces y te gustaría saber, por ejemplo preguntas relevantes sobre tu profesión.

9. Informa a tu red de actualizaciones en tu perfil, sobre todo si se trata de un nuevo reto, proyecto, etc.

10. Postúlate para el puesto de trabajo que estás buscando en tu sector, indicando tus habilidades, competencias, logros, aspiraciones, etc.

11. Recomienda perfiles de otros usuarios que puedan ser interesantes para tus seguidores. Mejor si especificas el porqué y resaltas los beneficios de seguirles y/o conectar con ellos.

12. Comparte perfiles de tus clientes resaltando su actividad y logros con ánimo de ayudarles en su propio negocio.

13. Presenta a nuevos compañeros de trabajo. Dales la bienvenida.

14. Presenta a tus socios y colaboradores de tu empresa, negocio,

asociación, etc.

15. Agradece su labor a aquellos compañeros de trabajo que dejan la empresa y buscan nuevos retos.

16. Haz listas de puntos claves sobre un concepto de tu sector que tengan relevancia para el mismo y para dicho público objetivo.

17. Publica contenido sobre cómo hacer algo que sea interesante para tus lectores, explicando los pasos para ello (un típico "how to")

18. Comparte contenido sobre desarrollo personal y profesional (consejos, cursos, guías, etc.)

19. Comparte noticias y novedades de tu industria. Mejor si las acompañas con tu opinión al respecto y si pides opiniones a tus seguidores.

20. Comparte estadísticas de tu sector que tengan relevancia para tus seguidores.

21. Comparte vídeos interesantes sobre tu sector, o sobre tus productos, servicios, empresa, etc.

22. Comparte una presentación interesante sobre tu mercado, productos y servicios (puede ser en múltiples formatos: doc, pdf, power point, vídeo, infografías, etc.)

23. Puedes también compartir una presentación que esté en tu página web, para redirigir a tus seguidores a la misma.

24. Piensa también en la posibilidad de usar GIFs que puedan ayudar a comunicar parte del mensaje que quieras transmitir.

25. Recomienda libros que te hayan inspirado o que quieras leer (mejor si añades un enlace de compra en las plataformas más populares)

26. Haz reseñas positivas de libros que has leído últimamente (esto ayuda a otros lectores y también al autor)

27. Comparte listas de lectura (los mejores libros para emprendedores, libros de marketing, ventas, etc.)

28. Comparte las novedades y/o nuevos productos que ofreces en tu

compañía o emprendimiento.

29. Pon testimonios de clientes satisfechos con tu producto o servicio, sobre todo historias de éxito.

30. Comparte casos de estudio, white papers y enlaces de artículos interesantes de tu sector.

31. Comparte fotos de tus productos, sobre todo en el lugar donde se usan, no solo fotos de catálogo.

32. Informa de las promociones y descuentos de tus productos y servicios. No te olvides de indicar las fechas de dicha promoción y de los enlaces correspondientes a la misma.

33. Participa en Podcasts y difunde aquellos en los que has participado o hayas sido invitado.

34. Enseña en qué estás trabajando ahora. Todos somos curiosos.

35. Enseña cómo funciona tu producto o servicio. No supongas que todos tus posibles clientes saben cómo funciona realmente.

36. Haz sorteos de alguno de tus productos, siempre indicando claramente las condiciones para participar.

37. Haz concursos que inviten a participar y conectar con tu marca, con un premio final que interese a tus seguidores (con unas instrucciones claras y fáciles)

38. Si tu producto está en desarrollo, haz pruebas con el mismo y pregunta a tu red qué versión les gusta más.

39. Haz tutoriales para sacar el mejor partido a tu producto o que muestren como resuelven un problema de tus clientes.

40. Si tienes FAQs de tus productos o servicios, comparte tus respuestas al respecto.

41. Comparte listas de errores a evitar en tu sector/mercado/nicho/etc. (¡Nos encantan las listas!)

42. Comparte tu visión particular sobre tu nicho de mercado que pueda ayudar a otros.

43. Un poco de humor de vez en cuando siempre viene bien. Piensa en publicar alguna viñeta, tira, meme, chiste o frase humorística

sobre tu mercado, tus inquietudes, tu actividad, etc.

44. Publica contenido que tenga que ver con reflexiones personales, con tus dudas, inseguridades, problemas, miedos, días buenos y días malos, alegrías y tristezas, etc. Al fin y al cabo eres humano (afortunadamente, todavía no somos bots) Muestra tu lado humano.

45. Comparte aplicaciones útiles que uses y que puedan servir a otros. Es típico la recomendación de aplicaciones informáticas, pero también pueden ser herramientas hardware.

46. Cuenta cuál es la cultura de tu compañía, aquella que ayuda sobre todo a tu imagen de marca.

47. Cuenta la historia que hay detrás de tu marca, como se fundó la empresa, qué dificultades tuvo, alguna anécdota, etc.

48. Cuenta la historia que hay detrás de la creación de un nuevo producto/proyecto/servicio. Explica por qué surgió el crear y ofrecer esa novedad, qué necesidades habéis detectado en el mercado, cómo y qué problemas esperáis solucionar y las expectativas de éxito.

49. Comparte contenidos que tienen que ver con ahorrar tiempo, dinero y esfuerzo a tus clientes, y que lleguen al corazón y a la mente de tu público.

50. Enseña la parte humana de tu empresa, tus colaboradores, trabajadores, proveedores y como no, tus clientes.

51. Haz preguntas (o encuestas) a tu audiencia que generen debate, que ayuden a aclarar dudas, relacionadas con tu mercado, producto, servicio, o también de tu sector.

52. Haz publicaciones de agradecimiento, tanto a contactos de tu red como a clientes y colaboradores. Aprovecha también los eventos para mostrar dicho agradecimiento. Puedes agradecer a toda tu red, o a una parte de ella (aquellos que te hayan ayudado en X tarea, por ejemplo)

53. Comparte los eventos importantes de tu sector, congresos, ferias,

charlas, etc.

54. Comparte también tus otras redes sociales. Conectar en más de una red tiene también sus ventajas y dicha red te va también a recomendar otros contactos que puede no encuentres en la que estás publicando.

55. ¿Te han hecho alguna entrevista en algún medio? ¡Compártelo!

56. ¿Algo que celebrar? (relacionado con tu vida profesional, no personal), compártelo en un post.

57. Comparte ideas curiosas, divertidas (no extravagancias) que puedan hacer pensar a tu público objetivo sobre tus productos, servicios, marca, etc.

58. Crea curiosidad sobre tu producto o servicio, piensa en hacer una publicación con intriga o anunciando algo futuro que todavía no se puede desvelar.

59. Regala algo (ebook, vídeo, webinar, productos de muestra, etc.) Nos encantan las cosas gratis.

60. Pide referencias de tu producto o servicio a tus seguidores.

61. Crea una serie de publicaciones con periodicidad diaria, semanal, etc. sobre un tema específico (por ejemplo: publicación 1 de 5, en unos días 2 de 5, etc.)

62. Comparte las entradas de tu blog, nuevos vídeos de tu canal de Youtube, artículos tuyos publicados en otros medios, etc.

63. Publica un texto corto de un nuevo artículo de tu blog, invitando a verlo entero en tu página.

64. Invita a que tus seguidores te pregunten algo que les interese sobre tu marca/producto/servicio. Asegúrate de responder a las preguntas que te hagan.

65. No olvides que puedes darle nueva vida a antiguas publicaciones, republicando las que consideres interesantes.

66. Inspírate viendo contenido de otros, tanto publicaciones cortas como artículos. A veces la creatividad surge en relacionar dos contenidos que en principio no estaban relacionados.

67. Consulta los "trending topics" o tendencias virales e intenta relacionarlo con tu tipo de producto/servicio/marca/nicho, etc.
68. Piensa en situaciones cotidianas y su relación con tu campo de negocio para crear contenidos que conecten con tus seguidores.
69. Enfrenta dos conceptos que se usen en tu mercado, haz comparaciones, análisis de tendencias de ambos, ventajas y desventajas, etc.
70. Muestra como tus clientes están usando tu producto o servicio, no solo cuando lo usan bien, sino también cuando cometen errores o resultan en anécdotas divertidas, resaltando su uso correcto.
71. Haz felicitaciones en fechas señaladas (navidad, semana santa, año nuevo, aniversarios, etc.) Son una oportunidad para transmitir tu imagen de marca sobre todo si lo haces de forma creativa y original.
72. Pide opinión sobre un tema específico de tu sector (no tiene porqué estar directamente relacionado con tu marca).
73. Pide a tu audiencia que comente una imagen.
74. Pide a tu audiencia que completen una frase.
75. Publica consejos útiles relacionados con tu área de especialización.
76. Comparte un desafío o reto para potenciar la participación de tu audiencia (ahora están de moda los "challenge" de algo)
77. Pide a tu audiencia que vote entre una serie de opciones, o que acierten cual es la respuesta correcta (puedes incluso ofrecer un premio)
78. Publica fotos/vídeos de tu actividad profesional que consideres relevantes, con un mensaje adicional.
79. Haz recopilaciones de tus mejores publicaciones anteriores para darles una segunda vida, puede ser semanal, mensual, cada dos meses, anual, etc.
80. Recomienda productos que uses a diario. Comparte tu opinión al

respecto.

81. ¿Puedes ofrecerte para ayudar en algo de forma gratuita?

82. Narra tu experiencia en un evento, feria, congreso, curso, etc. Puedes hacerlo día a día si el evento dura varios días.

83. Informa de cursos, seminarios o webinars interesantes de tu sector o a los que piensas asistir.

84. Comparte y agradece los premios recibidos, los diplomas por cursos terminados, etc.

85. Invita a tus seguidores a unirse a un grupo/lista, club de lectura, asociación del sector, etc.

86. Comparte la agenda de eventos a los que asistirás e invita a tus contactos a reunirte con ellos allí (¡es una buena ocasión para desvirtualizar a muchos contactos!)

87. Consulta a tus seguidores sobre sus necesidades, sobre sus motivaciones para comprar un producto u otro, sobre nuevas soluciones que les gustaría tener, etc.

88. Inspira a tus seguidores con hábitos que les faciliten su trabajo, motivándoles a cambiar y probar nuevos caminos, nuevos emprendimientos.

89. Abre las puertas de tu fábrica u oficina a tu audiencia, que vean cómo es el proceso de fabricación de un producto, los controles de calidad por los que pasa, las caras humanas que hay detrás del producto/servicio final, etc.

90. Recomienda productos/servicios y recursos complementarios al tuyo. Puedes incluso asociarte con los contactos de dichos productos para que ellos hagan lo mismo con los tuyos.

91. Pide a tus clientes que te envíen sus fotos particulares con tu producto.

92. Comparte dos imágenes relacionadas: antes/después, correcto/incorrecto, version1/version2, y que inviten a comentar o aportar opinión en tu publicación.

93. Si estás al tanto de algo novedoso que no se conoce en tu sector,

sorprende con ideas y propuestas innovadoras. ¡Intenta siempre diferenciarte!

94. Aporta tu opinión sobre un tema de actualidad aunque no tenga que ver con tu sector.

95. Aprovecha noticias del sector para discutir sobre tendencias futuras del mismo. ¡A todos nos gusta predecir el futuro!

96. Echa un vistazo a publicaciones que te han llamado la atención en el pasado, te pueden servir de inspiración para tus publicaciones.

97. Sigue las redes sociales de tu competencia e inspírate para tus propios contenidos (¡sin copiar!) Siempre hay ideas que puedes adaptar, mejorar, cambiar o darles un sentido y objetivo distinto.

98. No te limites solo a tu red social favorita, busca inspiración también en otras redes sociales.

99. Inspírate también en crear contenido en torno a un hashtag que sepas va a llegar a mucha gente. También hay grupos que se ponen de acuerdo en crear contenido en torno a un hashtag. Consulta también los hashtags más populares en cada red sobre tu nicho.

100. Por supuesto, puedes publicar también las necesidades de nuevo personal que tengas, tus ofertas de trabajo, las necesidades de trabajos puntuales que tengas en tu empresa, búsqueda de nuevos proveedores, etc.

101. Y una última idea-consejo: SÉ TÚ MISMO. La autenticidad siempre funciona.

Puede haber muchas otras posibilidades, infinitas en realidad. El tema es buscar siempre un contenido de calidad, aplicar un poco de creatividad, corazón, ilusión, sinceridad e intentar siempre aportar valor y la pizca de emoción necesaria para conectar con tus contactos, seguidores, clientes y compañeros de red.

No hace falta recordar que, independientemente del alcance de tus publicaciones, sean con muchos o pocos likes y comentarios, debes intentar siempre responder y agradecer a todos los contactos que interactúan en tus posts e intentar fomentar la conversación y el debate sano en dichas publicaciones.

Y no te preocupes si tu mensaje es lo suficientemente bueno como para ser viral o no, enfócate en agregar valor a tus seguidores.

Publica en tu red social favorita de manera regular y verás cómo es positivo para ti.

Si no publicas, la visibilidad es cercana a cero y muchas empresas/contactos no te descubren, mientras que si publicas y compartes, la visibilidad, los contactos y las oportunidades de negocio y trabajo suben de manera importante.

Ya no te quedan excusas para publicar siempre lo mismo.

15. Cómo Leer la Mente de tu Cliente

Lector, te voy a decir cómo entrar correctamente en la mente de tu cliente.

En solo 3 pasos.

El primer paso es ponerte el lector de mentes de Doc de "Regreso al Futuro" y ya puedes ir escaneando mentes de cualquier McFly...

Pero bueno, si eso no es posible, hay otros pasos que ayudarán al vendedor al respecto:

- **Practica la empatía con tus clientes**: se trata de entenderles, y empatizar con sus miedos, dudas, deseos y necesidades.
- **Olvídate de tu producto**: como si no existiera. De hecho no

existe para el cliente. Solo sus problemas y su negocio. Separa la venta de tu producto. Que tu solución coincida en valor con el valor del problema a resolver es eso, una coincidencia, no una obligación.

- **Pregunta a tu cliente**: para entrar en su mente no necesitas instrumentos milagrosos. No tengas miedo de preguntarles y ten la mente abierta. Si es tu tipo de cliente ideal estará encantado de responderte. Incluso sobre los aspectos negativos de tu producto o servicio.

Con todo ello empezarás a ver tu producto desde los ojos de tu cliente.

Y conectarás con él.

Ahora, y en el futuro.

Recuerda que ellos son los importantes, y no tu capacidad de leer mentes a destajo.

> *"— Hey, Doc. No tenemos suficiente carretera para ir a 140 km/h.*
>
> *— ¿Carretera? A donde vamos, no necesitaremos carreteras."*

Pues eso. Back to the future, back to the basics.

16. Cómo Mejorar la Motivación de los Vendedores

*"**Nuestra mayor debilidad radica en renunciar. La forma más segura de tener éxito es intentarlo una vez más.**" (Thomas Edison)*

No soy ningún experto en motivación. Ni pretendo serlo.

Por otro lado, no creo que haya fórmulas mágicas para todos los vendedores.

Ni siquiera para motivarlos.

Pero tengo mi propia opinión, que es la que quiero compartir contigo. Pues yo también he tenido que lidiar muchas veces con la dichosa motivación.

Lo que pienso puede que le sea útil a algunos y a otros no. No deja de ser mi experiencia, lo que a mí me ha funcionado, nada más.

Así pues, al grano.

Siempre se ha dicho que un vendedor feliz vende más. Por lo que habría que preguntarse qué es lo que le hace feliz y le hace tener esa actitud positiva necesaria.

(Nota: ¿te lo has preguntado alguna vez? resulta un buen ejercicio)

Como sabemos, dicha motivación puede ser externa o interna.

Sobre las externas, se han hablado muchas veces de ellas, como por ejemplo:

Un sueldo elevado, la seguridad laboral, la comodidad y adecuación en el trabajo, un buen clima de trabajo, si se está bien considerado en la empresa, con reconocimiento, tener objetivos específicos pero realistas, ser tratado como persona, desarrollo personal, etc.

Pero estas motivaciones pueden ser también temporales o no suficientes para traducirse en un aumento de la productividad y de los resultados.

No quiero decir que estas motivaciones externas no sean importantes. Lo son. Y mucho.

Por lo que siempre hay que poner mucho el foco en los hechos que causan desmotivación, como por ejemplo:

- Salarios por debajo de mercado.
- Excesivo control de los jefes.
- Malas relaciones con los compañeros.
- No tener libertad de acción.
- No darle confianza al vendedor.
- Excesivo papeleo e informes para tenerlo controlado.
- Apuntarse tantos el jefe cuando son de todo el equipo.
- Excesiva rigidez de normas.
- No tener claros los objetivos.
- Demasiada carga (injusta) de trabajo.
- Etc.

Pero aparte de lo comentado, y sobre todo ello, la motivación del vendedor tiene también que partir de dentro de él, más que de fuera.

Esto tiene también mucho que ver con la motivación que da el ver que consigue resultados, que tiene éxito en su trabajo.

Y esto es también consecuencia de dominar el producto y el mercado, ser un experto en el mismo, o por ejemplo no tener inseguridad a la hora de las posibles objeciones que le pongan los clientes, porque las ha trabajado antes, las ha previsto y ha sabido incluso evitar que surjan.

Es decir, la motivación surge por autoconocimiento de su valía, no solo como reconocimiento externo, sino también interno.

Y luego mucha parte de la motivación tiene que ver con la ilusión, con que te tiene que gustar vender. Ilusión por hacerlo cada día mejor.

Por tener creatividad y buscar nuevas formas de hacer las cosas, de mejorarlas.

Por centrarte en las soluciones, más que poner el foco sólo en los problemas.

Esa motivación interior necesaria yo diría que es una mezcla de confianza en sí mismo + confianza y seguridad en el futuro + una pizca de ambición + algo de curiosidad.

También es importante en esto de la motivación la gestión de expectativas.

Es decir, si tus expectativas y retos como vendedor son demasiado altos, puedes sentirte frustrado/a si no los alcanzas, te desmotivas y baja tu autoestima.

Por eso es necesario el análisis crítico y objetivo del mercado y entender lo que sería un crecimiento razonable del mismo.

También es esencial para la motivación la capacitación, la cual aumenta la productividad. Buscar estar en constante crecimiento personal y profesional.

Seguir aprendiendo todos los días.

Por eso una de las máximas que también nombro en mis libros es la de conocerse a sí mismo, mirarse al espejo, y reconocer nuestros defectos y nuestras virtudes.

Hacerse un **DAFO** a sí mismo.

Y a partir de ahí intentar mejorar, corregir las **debilidades**, mantener y potenciar las **fortalezas**, detectar las **oportunidades** para poder explotarlas, y entender cómo afrontar las **amenazas** que surgen.

Como vendedor, no esperes solamente a que te motiven desde fuera.

La motivación parte también de ti.

Empieza en ti. Y luego ya se reflejará en tu empresa, en tus clientes y en tus resultados.

Por otro lado, si no crees tú en ti mismo, si no te motivas, ¿cómo piensas que vas a motivar a tus clientes?

Ahí lo dejo. A partir de aquí, depende de ti.

17. El Vendedor Ideal para tu Cliente

Posiblemente no fuera del todo exacto, pero así lo tengo en mi memoria.

Tuve un jefe hace muchos años, al cual recuerdo con cariño, que siempre que le hablaba sobre una posible cooperación con un nuevo distribuidor, al momento decía:

"¿Y esos quiénes son? ¿Tienen dinero…?"

Mucho antes de que yo pensara sobre lo que era y suponía cualificar a un potencial cliente, él tenía claro en su cabeza que era necesario filtrar los clientes con los que trabajar.

Hemos hablado otras veces al respecto de dicha necesidad y al respecto puedes consultar mis libros anteriores.

Con el tiempo te das cuenta de todo ello, aunque en esa época yo no lo tenía tan claro o tan verbalizado, pero mi antiguo jefe sí, a su manera.

El caso es que luego te das cuenta también que las mismas o similares preguntas se hacen los clientes sobre nosotros:

"¿Y estos quiénes son? ¿Por qué tendría que preferir a este proveedor? ¿Por qué siquiera escucharles?..."

Es decir, los clientes también nos cualifican a nosotros.

A no ser que hayas conseguido una marca muy potente que te abra muchas puertas, posiblemente tus nuevos potenciales clientes no te conozcan de nada y desconfíen de tu empresa.

Y te descarten por ello, o por cualquier otro requerimiento que tú como proveedor no cumplas para ellos en un determinado momento o circunstancia.

Tienen sus preferencias.

Este es en realidad uno de los mayores retos de los vendedores.

Y para ello, todos y cualquiera de los muchos Pensamientos y consejos de este libro son aplicables.

Pero la idea principal que quería destacar es que muchas veces nos complicamos con muchas cábalas y planteamientos de quién es nuestro cliente ideal y no pensamos que a veces hay que dar la vuelta a la tortilla.

Se trata también de **plantearse si nosotros somos el proveedor ideal que el cliente está buscando.**

Si pasamos los filtros del cliente.

Filtros o requerimientos que en algunos casos podemos averiguar simplemente preguntando (al respecto, ver el Pensamiento nº 22)

Y si no cumplimos con los mínimos que piden, no tiene sentido insistir.

Si no somos capaces de mostrar y demostrar nuestra valía, nuestro valor añadido, nuestro diferencial, nuestra calidad, nivel de servicio, experiencia, capacidad, ventajas, plazos de entrega, o cualquier forma de trabajar que requiera el cliente, entonces no hay baile, no hay venta.

Ni aunque pensemos que aquél es nuestro cliente ideal.

Tiene que haber "match".

Por ambas partes.

Nosotros también tenemos que ser el vendedor ideal para dicho cliente.

El que puede realmente cumplir con sus necesidades y expectativas.

Por ello, pregúntatelo. Antes y durante cada nueva oportunidad de venta.

¿Eres el vendedor ideal para ese cliente?

Y ya si eso, si así es, podemos entonces empezar a hablar de cualificar clientes…

18. ¿Desaparecerán los Vendedores con la IA? (Respuesta de ChatGPT)

Está muy de moda hablar del ChatGPT y de cómo cambiarán los trabajos con los avances de la inteligencia artificial.

Mira, recientemente leí un artículo en el que se le preguntaba a la famosa IA por cómo afectarían estos cambios a muchas profesiones.

Resumiendo la respuesta del ChatGPT, éstas son las profesiones que podrían ser sustituidas por la inteligencia artificial en un futuro (no muy lejano):

- Cajeras de supermercado
- Conductores de taxi
- Conductores de autobús
- Conductores de tren
- Personal de almacén
- Teleoperadores
- Personal de atención al cliente
- Profesores
- Personal de servicios administrativos
- Operadores de máquinas
- Operadores de líneas de producción
- Operadores de sistemas de información
- Contables
- Analistas financieros
- Abogados
- Médicos
- Enfermeras
- Investigadores
- Periodistas
- Diseñadores gráficos

Bueno, la lista es discutible, y todo tiene sus matices, pero no voy a entrar en cada uno de ellos, sino solo en la parte que nos interesa, la de los vendedores.

Es cierto que la lista incluye algunos que tienen que ver con trato directo con el cliente como teleoperadores y personal de atención, pero no se especifica que más allá de eso puedan desaparecer los vendedores en general.

Al respecto, como uno es curioso, me atreví a preguntarle directamente al Chat GPT:

"¿Desaparecerán los vendedores con la inteligencia artificial?"

Y ésta fue su respuesta, tal cual:

"No es probable que la inteligencia artificial elimine completamente a los vendedores. Es posible que la IA cambie la forma en que los vendedores hacen su trabajo y pueda automatizar algunas tareas, pero es poco probable que reemplace completamente a los seres humanos en este campo. Los vendedores tienen habilidades y destrezas que la IA todavía no puede replicar, como la capacidad de entablar relaciones interpersonales y adaptarse a situaciones imprevistas. Es más probable que la IA trabaje junto a los vendedores en lugar de reemplazarlos por completo."

Bien, nada nuevo bajo el sol (ya dije algo similar sobre cómo será el Vendedor del Futuro en Vender Más y Mejor)

Lo bueno es comprobar que la misma IA corrobora de alguna manera lo que ya pensaba.

Ahora bien, ya suenan las campanas…

La inteligencia artificial será una herramienta más con la que trabajar.

O evolucionar o morir.

Estáis avisados.

19. ¿Sabe el Cliente lo que Quiere?

"El cliente no sabe lo que quiere hasta que se lo muestras"
(Steve Jobs)

Se supone que hoy los clientes están super informados y han avanzado en su proceso de compra por su cuenta, de forma que cuando llegan al vendedor ya tienen claro lo que quieren, ¿O no?...

También hay que decir que a veces lo que el cliente piensa y expresa que necesita no es realmente lo que necesita (!), es necesario averiguar el porqué lo necesita, buscar el problema que hay detrás y que muchas veces desconoce el cliente.

O dicho de otra manera, ¿sigue haciendo falta el vendedor?...

Podemos recordar también aquella frase de Henry Ford:

"Si hubiera preguntado a mis clientes qué es lo que necesitaban, me hubieran dicho que un caballo más rápido".

En definitiva, el cliente conoce lo que conoce, y lo que no conoce no lo conoce, hasta que alguien se lo muestra y coincide o va en la dirección de sus necesidades y motivaciones.

También sucede a veces que el cliente no sabe si tiene un problema, o no lo reconoce como tal y menos imaginar su solución.

Esto tiene mucho que ver con adelantarse a las necesidades futuras de los clientes, con la perspectiva y la visión de futuro adecuadas.

Puede también que el cliente tenga ya una idea preconcebida de su problema y de cuál puede ser la solución, pero no tiene por qué coincidir con la valoración y solución que pueda proporcionar el vendedor.

Me recuerda por ejemplo a muchos casos de las consultas de médicos, donde el paciente ha investigado por internet acerca de sus síntomas y está convencido de que tiene la enfermedad X, y hasta se enfada si el médico le indica luego que no es el caso…

Sí, sigue haciendo falta el vendedor, que no solo vende productos, sino que ayuda al cliente a encontrar soluciones a sus problemas y retos de hoy y de mañana.

Por otro lado cada cliente es un mundo.

El término "clientes" no es homogéneo y no se le puede tratar o pensar de antemano que sepa siempre lo que quiere, e incluso sabiéndolo, puede ser que no sepan cual es la solución óptima para su caso particular.

En ese sentido, lo que es más necesario es un vendedor asesor, un vendedor consultor que sepa averiguar y entender las necesidades reales más allá del planteamiento inicial del cliente o prospecto.

Y que no se limite a venderle algo que realmente no es la mejor solución o que no es lo que necesita.

El cliente no siempre sabe lo que quiere.

Pero para eso estás tú: el Vendedor Profesional.

20. Jefe Vs. Líder, el Antiguo Debate

"Pues no tendrán fin las calamidades de los pueblos mientras los filósofos no sean reyes o los reyes no se hagan filósofos"
(Platón)

Y hablando de debates…

Puedes encontrar en las redes sociales miles de publicaciones sobre el debate entre Jefe y Líder.

Es una discusión habitual en todos los campos empresariales y de negocios, y pareciera que es una discusión moderna, pero no lo es tal.

El tema del liderazgo es muy antiguo. Tanto como la humanidad.

Aunque no tenemos que remontarnos tanto.

Para ello es siempre bueno recordar cómo se entendía este debate en la antigua Roma.

Al respecto, los romanos y los griegos tenían más que claro el concepto de cómo debían ser los hombres que debían de dirigir a la polis.

De hecho pensaban que para que el gobernante fuera digno de tal nombre y posición, su tarea política era sobre todo un deber hacia sus ciudadanos, una responsabilidad social basada en un espíritu de servicio.

Un líder político, según Sócrates, debe no solo ser justo sino también hacer a los hombres mejores.

Todo ello muy relacionado con las ideas modernas de cómo debe de ser un líder. Vamos a ello:

Los romanos distinguían entre "auctoritas" y "potestas"

Potestas era el poder que se poseía por el cargo político. Era dado, y dicha potestas duraba lo que duraba dicho cargo, dicho poder.

Igual que un jefe en una compañía. Es un poder formal.

Los subordinados obedecen a ese poder, a ese "potestas", pero no realmente a la persona en sí, que no tenía el respeto que pudiera tener el que tuviera "auctoritas".

El auctoritas es un poder y reconocimiento moral y se gana por el reconocimiento de los demás, que le otorgan su respeto y admiración.

Equilicuá, un líder.

Ejemplos de potestas fueron los magistrados y cónsules romanos, aunque también era extensible al "pater familias" en el ámbito doméstico.

En contraposición a este poder reconocido, el auctoritas tiene una legitimación social que procede de un saber y que se otorga a una serie de ciudadanos.

Ostenta la auctoritas aquella personalidad o institución, que tiene capacidad moral para emitir una opinión cualificada sobre una decisión, la cual es de índole moral muy fuerte.

Al respecto, el senado romano ostentaba esta auctoritas. El poder de los expertos, de los ilustres, frente al poder legal de los magistrados.

En definitiva, una cosa es tener el poder formal y otra el poder moral.

La potestas te la pueden dar, pero la auctoritas te la tienes que ganar.

Como por ejemplo los generales romanos victoriosos, que se habían ganado dicha auctoritas entre sus legiones en el campo de batalla.

Y posiblemente en esa dualidad está la respuesta a la discusión actual entre jefe vs líder:

Un jefe tiene potestas, pero no auctoritas.

Un líder debe tener ambas, tanto potestas como auctoritas.

Si el líder solo tuviera auctoritas, pero no potestas, su capacidad real para mover a los demás o hacer que los temas importantes avancen, sería muy limitada o casi nula, aunque por supuesto hay casos y excepciones en todos los ámbitos.

Podemos también resumirlo en que no todos los jefes son líderes, y no todos los líderes son jefes.

Un jefe puede ser el representante de la compañía pero no necesariamente el líder. Tiene capacidad legal para que se cumplan sus decisiones, pero no significa que dichas decisiones sean aceptadas por todos de buena gana. Potestas es el poder que emana del cargo y está directamente relacionado con la fuerza, con la imposición basada en el temor al castigo.

La auctoritas en cambio se ejerce con flexibilidad, diálogo y contando con las opiniones de los demás.

Dentro del mundo empresarial, el líder es pues capaz de dirigir a todos los demás como un equipo de trabajo homogéneo y motivarles de forma constructiva para cumplir exitosamente con los objetivos y visión del negocio.

El líder orienta en la toma de decisiones desde el consejo y la experiencia, no desde el mandato y la fuerza.

Entre otras muchas cosas, el líder escucha, dialoga, genera confianza e inspiración, promueve la colaboración, se interesa por las personas y necesidades de todos, potencia las habilidades de quienes le rodean para hacer mejor al equipo, y provoca en definitiva que todos quieran seguirle.

Para poder desempeñar dicho liderazgo, debe ser capaz de ganar credibilidad frente al grupo en base a una serie de cualidades que debe mostrar: ejemplaridad, integridad, coherencia, confianza, conocimientos técnicos, preparación, experiencia, etc.

Debe también mostrar aptitudes para ejercer el liderazgo, mediante el uso de habilidades de comunicación personal, su propio lenguaje no verbal y su comportamiento.

Y combinando todo ello, debe ser capaz de alcanzar el objetivo encomendado.

Así pues, cuando hablamos de un auténtico líder es porque auna ambas cualidades, potestas y auctoritas.

Para ganarse el auctoritas se requieren años de trabajo, demostrando dicha experiencia y valía profesional, con un conocimiento profundo de la materia o labor específica y con mucha capacidad para ganarse dicha legitimidad por sus compañeros, subordinados y resto del personal de una empresa.

El debate entre Jefe vs. Líder posiblemente seguirá en las redes.

Pero los romanos nos dieron ya una pista para terminarla.

O para continuarla.

Tanto en tu trabajo como vendedor profesional, empresario, emprendedor, etc., como en tu vida: de ti depende.

De si buscas solo tener potestas.

O gozar de auctoritas.

21. Primero, Conoce a tu Cliente…

Uno de los principales fallos del vendedor es no conocer a tu cliente o no intentar conocerlo.

Y lanzarte a saco a intentar vender…

Siempre hay que buscar información sobre el cliente, la empresa, el país, la cultura, el mercado, la actividad, etc.

Se requiere una investigación profunda de lo que su cliente quiere y las razones por las que lo hace. Por qué compran y por qué no, sus necesidades, motivaciones y deseos.

Y en el caso de negocios internacionales siempre es muy importante el conocer las diferencias culturales.

De lo contrario, podría ocurrirte como en el siguiente chiste de marketing, un clásico global que es un excelente ejemplo al respecto:

Un vendedor de Coca-cola vuelve decepcionado de su misión en Arabia Saudí. El amigo le pregunta: "¿Por qué no tuviste éxito con los saudíes?"

El vendedor le explicó, "Cuando me mandaron allá, yo estaba muy seguro de que iba a hacer una buena promoción de ventas. Pero tenía un problema: no sé hablar árabe. Por lo tanto, pensé transmitir el mensaje a través de tres carteles:

- Primer cartel: Un hombre yacía en la arena caliente del desierto, totalmente agotado y desmayado.
- Segundo cartel: El hombre está bebiendo Coca-cola.
- En el tercero: Nuestro hombre está ahora totalmente renovado.

Y entonces, estos carteles fueron pegados por todos los lugares.

"¡Estupendo! Eso debería haber funcionado", dijo el amigo. "Debió haber funcionado", dijo el vendedor, pero... "¡Nadie me dijo que los árabes leen de derecha a izquierda!..."

Curiosamente, en mis viajes por Arabia Saudí, noté en su día que allí es más popular la Pepsi que la Cocacola, la cual no se suele ver mucho (¡aunque no creo tenga que ver con el chiste!)

Al respecto, antes de lanzarte a vender, nunca te olvides de investigar sobre los aspectos culturales y las diferencias en las formas de negociación y comunicación entre diversos países y mercados.

E igualmente sobre las diferencias específicas de tu mercado objetivo local, regional, provincial, etc. Incluso entre un barrio y otro dentro de una misma ciudad.

Y tú... ¿Conoces a tu cliente?

22. Cómo Conocer Mejor a tu Cliente

Como he dicho en el pensamiento anterior, es imprescindible conocer en profundidad a tu cliente.

Y para ello hay que hacer **Preguntas de Calidad para Vender más.**

Los mejores vendedores hacen a sus clientes preguntas de calidad para determinar completamente sus necesidades, problemas, deseos y expectativas.

Pero no cualquier pregunta, sino preguntas dirigidas. Y no se trata de realizar interrogatorios.

Vender no se debe convertir en un molesto interrogatorio para el cliente, no hay que hacerlo sentir incómodo, se debe mantener una sana conversación dirigida hábilmente con nuestras preguntas.

Haga las preguntas correctas y el cliente potencial le dirá lo que quiere y cómo lo quiere.

Debemos hacer preguntas con cuyas respuestas podamos trabajar, información valiosa para conocer y entender su negocio, sus problemas, sus objetivos, sus proyectos actuales, lo que espera de nuestra propuesta, etc.

Las respuestas que queremos obtener deben tener un carácter específico, medible, realista, con objetivos claros y dentro de un plazo.

Solo así podremos adecuar nuestra solución a sus objetivos presentes y futuros, y destacar realmente los beneficios y ventajas que pueden ser valorados y aceptados por el cliente como tales.

Entre otras muchas cosas, Aristóteles ya nos habló de las preguntas omnipresentes en muchas ramas del saber humano, y que son también aplicables al mundo de las ventas:

Qué, quién, cuándo, dónde, por qué y cómo. (5Ws+H en inglés: what, who, when, where, why and how)

Algunos las conocerán como los 6 sirvientes de Kipling, el cual también las aplicaba en sus escritos.

Los mejores vendedores usan estas preguntas con sus clientes y prospectos para determinar completamente sus necesidades, problemas, deseos y expectativas. Dichas preguntas son también muy importantes a la hora de cualificar prospectos.

Haz preguntas inteligentes, de calidad, para obtener información valiosa, y conseguirás más y mejores ventas.

Preguntar, escuchar, entender, comprender y aportar valor.

Y por supuesto, siempre en línea con escuchar a tus clientes de forma activa en sus respuestas.

Al respecto, siempre es bueno profundizar un poco más en dichas preguntas para conseguir tener un mejor conocimiento del cliente.

Para ello, os animo a revisar el siguiente listado de preguntas a responder (no necesariamente por el cliente directamente, muchas veces se pueden averiguar de forma indirecta)

La lista no es exhaustiva, claro, cada cliente y situación es un mundo, pero seguro que revisar las que te menciono te pueden ayudar a conocer mejor a tu cliente para poder venderle y ayudarle mejor:

¿Qué?

- ¿Qué necesidades y problemas tiene tu cliente? (o ¿qué cuestiones críticas se podrían convertir en necesidad? – ver también el pensamiento sobre el método CIMAP)

- ¿Qué problemas y retos afrontan en su negocio?, ¿qué nuevos proyectos?

- ¿Qué hacen, que venden, qué ofrece tu cliente a sus clientes? (y qué problemas tienen al respecto)

- ¿Qué motivaciones tiene tu cliente? ¿podemos dirigirlas hacia nuestro producto?

- ¿Qué expectativas tiene, y/o qué puede esperar de nuestro producto/solución? (¿qué desea realmente?)

- ¿Qué conoce de nosotros, de nuestra empresa, de nuestra marca, de nuestro producto?

- ¿Qué riesgos y miedos percibe de nuestra solución?, ¿alguna idea preconcebida que pueda ser errónea?, o también ¿qué siente? (y qué emociones queremos que sienta? – ver también el Pensamiento sobre las emociones)

- ¿Qué productos de la competencia está usando? o ¿qué productos sustitutivos está usando actualmente?

- ¿Qué problemas tienen precisamente con dichos productos/servicios de la competencia?

- ¿Qué afecta más en su decisión de compra?, ¿o de no comprar y quedarse como está?

- ¿Qué expresan y dicen de ellos mismos en su web, redes sociales, publicidad, etc.?

- ¿Qué presupuesto tiene, si es que lo tiene? (un rango de precios, o cuánto están dispuestos a pagar por nuestro producto/servicio)

- ¿Qué nos cuesta adquirir o entrar en este cliente? ¿qué sacrificios y/o costes debemos hacer al respecto? (¿merece la pena?)

¿Por qué?

- ¿Por qué tiene los problemas o necesidades actuales?, o ¿por qué podría llegar a tenerlos?
- ¿Por qué no lo han solucionado antes?
- ¿Por qué percibe nuestro producto o solución como un riesgo? (a veces puede estar relacionado con decisiones pasadas, ver también el Pensamiento"¿Tienen tus clientes miedo a comprar?")
- ¿Por qué se decidió a usar productos de nuestra competencia?
- ¿Por qué no quiere (o no puede) cambiar de proveedor?
- ¿Por qué quiere cambiar ahora (si es el caso)?,o ¿qué ha cambiado para que ahora el problema sea importante?
- ¿Por qué pueden permitirse el seguir con su problema, con su status quo?
- ¿Por qué nos conoce?, o al contrario, ¿por qué no?
- ¿Por qué nunca nos ha comprado?
- ¿Por qué nos comprarían ahora?

¿Quién?

- ¿Quién o quiénes toman la decisión de compra?
- ¿Quién toma la decisión técnica y quién la comercial/financiera? ¿Quién aprueba nuestra solución?
- ¿Quién o quiénes pueden ser un recomendador/movilizador dentro de la empresa, aunque no decidan directamente?
- ¿Quién o quiénes pueden sabotear o estar en contra de cualquier cambio?

- ¿Quién o quiénes necesitan realmente nuestro producto/servicio dentro de la empresa?
- ¿Quién lo va a usar y si tienen poder de influir en la decisión del grupo de compra?
- ¿Quién o quiénes desde fuera de la empresa del cliente, pero que tengan relación de peso con él, nos pueden recomendar en este cliente?
- ¿Quién le ha hablado de nosotros? (para bien o para mal)

¿Cómo?

- ¿Cómo solucionan actualmente sus necesidades y problemas? (si es que ponen medios al respecto, o simplemente no lo solucionan – relacionado en cualquier caso con el primer punto del ¿Qué?)
- ¿Cómo creen o pretenden solucionarlo en un futuro?
- ¿Cómo es su proceso de compra? ¿Cómo compran habitualmente?
- ¿Cómo podemos entrar en dicho proceso?
- ¿Cómo resuelve nuestro producto/servicio sus problemas y necesidades?
- ¿Cómo de ajustada es nuestra solución respecto a las otras opciones de la competencia?
- ¿Cómo podemos demostrar el impacto de nuestra solución? ¿Cómo mostrar el ROI? o ¿Cómo podemos cuantificar el impacto de no hacer nada, el Coste de la Inacción?
- ¿Cómo customizar/adecuar/personalizar nuestra solución a su problema? (si es que se puede personalizar)
- ¿Cómo pueden cambiar sus necesidades actuales?
- ¿Cómo se ha enterado/informado de nuestros productos/servicios? (y eventualmente ¿cómo se enteró o informó de los de la competencia?)

¿Cuándo?

- ¿Cuándo compran o suelen comprar? (¿algún plazo ya asignado para la compra específica?)
- ¿Cuándo tendrán necesidades explícitas?
- ¿Cuándo puede haber urgencia de compra?
- ¿Cuándo se toma la decisión de compra? (relacionado con cómo es su proceso de compra)
- ¿Cuándo se espera que haya presupuesto? (si es que ahora no lo hay)
- ¿Cuándo el riesgo de no hacer nada o no comprar puede hacer crecer el problema y posiblemente también el costo de la solución? o ¿cuándo una cuestión crítica puede llegar a ser realmente un problema?
- ¿Cuándo retomar el contacto?

¿Dónde?

- ¿Dónde están presentes o dónde suelen vender nuestros clientes?
- ¿Dónde compran?
- ¿Dónde se toma la decisión de compra? (no necesariamente en el lugar/oficina/empresa/provincia/país, etc. en el que estamos)
- ¿Dónde necesitan o van a necesitar de nuestro producto o servicio?
- ¿Dónde buscan o suelen buscar información para sus problemas?
- ¿Dónde debemos empezar nuestro contacto con la empresa?

Y en general, para todas las preguntas, qué, quién, cómo, cuándo y dónde, podemos aprovechar también para mejorar nuestra imagen de marca en relación a este cliente o tipo de cliente, y el conocimiento/educación que tienen de nuestras soluciones.

Lo cual también está relacionado con conocer mejor a nuestro cliente, en el sentido de acercarnos mejor a su entorno, mercado, problemas, circunstancias, sentimientos y cómo llegar a estar dentro de la "short-list" de opciones dentro de su mente.

En cualquier caso, **si no es tu tipo de cliente, no te esfuerces en venderle.**

Si no encaja, no encaja.

No lo fuerces.

E igualmente, si no es tu tipo de cliente, no te esfuerces en venderle.

No será nuestro cliente aquél que busca otro tipo de beneficios y ventajas distintas a lo que ofrecemos, tiene expectativas diferentes y nunca quedará satisfecho.

Si no aprecia nuestros beneficios, todo le parecerá caro.

Ese no será nuestro cliente.

Y si no es lo que necesita realmente, lo mejor es decírselo.

El cliente apreciará la honestidad de no quererle vender algo que no necesita.

Y si esta vez no se convierte en cliente, tendremos más posibilidades de que pueda serlo en un futuro cuando cambien las circunstancias, pues nos habremos ganado su confianza.

Hay que saber decir que no y no perder tiempo ni esfuerzo con quién no va a apreciar de ninguna manera nuestro producto o servicio ni con menor precio.

Hay problemas del cliente que no podemos solucionar nosotros.

Ni podemos vender a todo el mundo.

Seguro que me habré olvidado alguna cuestión que también es importante, pero para eso sé que mis lectores son críticos, creativos y con ganas de profundizar y mejorar día a día, por lo que espero completéis vosotros mismos aquellas preguntas que también consideráis esenciales en vuestro sector específico.

Espero que el listado anterior te pueda incluso servir como una "check-list" que te ayude a aportar ese valor adicional y diferencial como vendedor o emprendedor frente a tus clientes potenciales.

¿Tienes respuestas a todas las preguntas que te planteo?

Si no es así, hoy tienes deberes.

23. El Arte de la Guerra

«Si conoces a los demás y te conoces a ti mismo, ni en cien batallas correrás peligro; si no conoces a los demás, pero te conoces a ti mismo, perderás una batalla y ganarás otra; si no conoces a los demás ni te conoces a ti mismo, correrás peligro en cada batalla" (Sun Tzu)

Son muchas las enseñanzas que el clásico libro "El arte de la guerra" de Sun Tzu nos ha dejado sobre estrategias que, más allá de las prácticas militares originales, son aplicables al mundo de los negocios y de ventas.

Sus máximas siguen estando vigentes a pesar de tener 2.500

años, aproximadamente.

Esto nos devuelve a la idea de que las cosas no han cambiado tanto, y sigue habiendo conceptos que aunque pensemos sean "nuevos" o modernos sobre ventas y marketing, llevamos siglos dándoles vueltas.

Hoy quiero destacar la que se deduce de la cita mencionada arriba.

La cual nos recuerda por ejemplo **la importancia de los estudios de mercado** en todo tipo de negocios.

Es fundamental conocer en profundidad el mercado de nuestro producto o servicio para tener éxito, y analizar todos los factores y agentes que le afectan para poder elaborar las estrategias de marketing y ventas acertadas.

El estudio de mercado siempre debe incluir el **análisis del cliente, de la competencia, del sector, de la propia empresa y del entorno** en el que se desarrolla su actividad.

Conocerte a ti mismo y a los demás.

Gracias al estudio de mercado podremos detectar mejor nuestras debilidades y fortalezas así como las posibles oportunidades y amenazas que se pueden presentar.

El conocimiento de estos factores es siempre una pieza clave para elaborar nuestro plan de marketing.

No hay recetas mágicas, pero sí procesos lógicos.

No se puede uno saltar ningún paso.

Y el estudio de mercado es imprescindible en cualquier negocio.

Antes, durante y después.

Pues la estrategia a seguir no deja de ser algo vivo, cambiante, que se debe adaptar según las conclusiones que podemos sacar de dichos estudios de mercado.

Por otro lado, las necesidades de tus clientes cambian con el paso del tiempo y hay que realizar nuevos estudios para conocer las nuevas exigencias de los consumidores/clientes, las nuevas tendencias del mercado y las reacciones de la competencia.

Muchas veces queremos vender o lanzar un nuevo producto sin haber hecho antes los deberes.

Ya lo apuntaba Sun Tzu varios siglos antes de Cristo.

En ello estamos y seguimos.

(Nota: mi primer libro también se basaba en un libro milenario, pero no tiene 2.500 años. Decir más sería spoiler…)

24. 35 Maneras de Ganarse la Confianza de tus Clientes

Hay conceptos que nunca cambian en el mundo de las ventas, y uno de ellos es la importancia de generar y conseguir la confianza en el cliente.

El factor confianza sigue siendo una de las principales claves para vender más y fidelizar al cliente. También es esencial en el cierre de operaciones más allá del precio.

De hecho, el mayor reto de ventas hoy en día es conseguir dicha confianza de los clientes, tanto en los proveedores como en su capacidad de tomar buenas decisiones de compra durante el viaje del comprador sin sentirse presionados.

Hay que ganarse la confianza y el respeto de tu cliente potencial, antes de que se convierta en tu cliente.

Aunque los medios y las formas cambian con las últimas tecnologías, es necesario retomar dicha confianza en las actividades comerciales y en la relación con nuestros clientes.

Para ello, aquí puedes encontrar

35 maneras para ganarte la confianza de tus clientes

1. Construye una relación personal con tus clientes potenciales antes de intentar cerrar una venta. Las relaciones comerciales se basan en la confianza.
2. Céntrate en comprender a tus clientes y descubrir sus necesidades, motivaciones y deseos.
3. No hables primero de ti y de tu producto o servicio. La prioridad son los problemas y retos del cliente. Para ganarte su confianza, muestra un interés genuino en el éxito de tu cliente, no en el tuyo.
4. Debes ser un vendedor experto y un líder en tu sector para generar confianza. Conoce el sector del comprador, sus problemas empresariales y cómo resolverlos.
5. Consigue referencias de alguien en quien el comprador confíe. Conecta con referencias estratégicas que puedan recomendarte.
6. Utiliza testimonios de clientes satisfechos, clientes que le hayan comprado y que afirman que volverían a comprar.
7. Escucha. El cliente quiere sentirse siempre escuchado.

Practica la escucha activa.

8. Ofrece consejos útiles. Añade valor de forma proactiva, da para recibir.

9. Si no están preparados para comprar hoy, no pierdas el interés por ellos. Añade valor al prospecto y genera una buena experiencia aunque no compren hoy.

10. Ayuda a tu cliente a identificar el problema real, diagnostica el impacto de resolverlo y ayúdale a tomar mejores decisiones en el menor tiempo posible.

11. Cumple tus promesas y sus expectativas. Sé honesto, genera expectativas realistas y trata de superarlas después del cierre.

12. Intenta ver las cosas desde el punto de vista de tus clientes, con empatía. Mira a través de sus ojos.

13. Intenta dar un superservicio, no vender un superproducto. Ofrecer un gran servicio, tanto si compran como si no, es una forma de generar confianza.

14. Usa historias persuasivas para atraer a tus clientes. Su nivel de atención y compromiso aumenta si la historia está relacionada con ellos.

15. No bajes tus precios al principio. Eso no sólo reduce tu valor, sino también la confianza del cliente.

16. Utiliza las últimas herramientas de social selling, content marketing, lead nurturing, branding, etc., que son medios para aumentar la confianza del cliente en nuestra opción.

17. Dirige a tu cliente a través de tu proceso de venta. No les dejes perdidos en medio, esperando una llamada, una acción o sin saber qué hacer.

18. No intente manipular el comportamiento del cliente. Se trata de convencer y persuadir, no de manipular o imponer.

19. Controla tu comunicación no verbal. Evita los gestos innecesarios y negativos o un tono de voz inadecuado. ¡Y

recuerda sonreír!

20. Haz que la experiencia de compra sea fácil y agradable desde el principio. Invierte en una buena experiencia de cliente.

21. Reduce los costes psicológicos y las inseguridades asociadas que percibe el cliente de nuestro producto.

22. Cree en ti mismo y en tu producto. La actitud positiva genera confianza.

23. Ofrece disponibilidad. Recuérdales que estás disponible cuando lo necesiten y facilítales a tus clientes el contacto por todas las vías y canales posibles.

24. Sé transparente y honesto. Sé sincero sobre lo que puedes hacer y lo que no puedes hacer por el cliente (¡Sin letra pequeña!)

25. Prepara y planifica siempre las reuniones con tu cliente, sin improvisar. Investiga al posible comprador para comunicarte con eficacia y ganarte su confianza.

26. No utilices la presión. A los clientes no les gusta que les vendan, y comprarán cuando estén preparados para ello.

27. Busca soluciones adaptadas al caso particular de tu cliente. Cada cliente debe sentirse único y especial para confiar en ti.

28. Tus palabras y acciones deben ir en la misma dirección. La confianza se perfecciona con nuestros actos, más que con nuestras palabras.

29. Evita los errores. Y si ocurren, no los ocultes, responde rápidamente a cualquier incidente, discúlpate y soluciona el problema lo antes posible

30. Nunca intentes vender algo que el cliente no necesita realmente.

31. Demuestra que entiendes al comprador y trata de conectar a través de intereses comunes.

32. Respeta al cliente, su tiempo y sus objetivos. Si no los respetas, no serás digno de su confianza.
33. Haz preguntas que muestren interés por su negocio, no por hacer una venta.
34. Recuerda: La confianza se gana con el tiempo (no te casas con la novia el mismo día que la conoces)
35. ¡Sigue aprendiendo! Los clientes y el mercado cambian, debes adaptarte y formarte continuamente para mantener su confianza.

Posiblemente, no son todas las que son, pero sí son todas las que están. Seguramente, el lector puede completar la lista con aquellas que también considere importantes y que note a faltar.

Recordar que los mejores vendedores y empresas generan confianza durante todo el proceso de ventas.

Todo es todo. Antes, durante y después.

Pero uno de los momentos esenciales es en el momento de cumplir lo prometido.

Cumplir con lo vendido, con el valor anunciado, con nuestros compromisos.

Y asegurarnos de que cumplimos con las expectativas creadas, que no tenemos que aumentar de forma inadecuada. Tenemos que generar expectativas realistas que produzcan la confianza necesaria.

En definitiva, **la confianza es uno de los elementos de la eterna ecuación para tener éxito vendiendo**, y es de los que nunca pasará de moda.

Los clientes no compran a personas en las que no confían.

No hace falta que te diga más.

Hay cosas que no cambian, ni cambiarán.

Y cada día será todavía más importante, ya que la desconfianza va en aumento...

25. "Estoy Interesado en tu Producto"

"Estoy interesado en tu producto…"

Así empieza muchas veces el primer contacto de un prospecto.

Alguien que dice está interesado en un producto o servicio nuestro.

Ya sea en persona, por mail, formulario, mensaje, teléfono, etc.

¿Y qué sucede muchas veces?

Que el vendedor, sin averiguar nada más, se pone en modo venta inmediatamente.

Al cuello.

Sueltan su mejor discurso, corren en mandarles especificaciones, catálogos, preparan presupuestos urgentes…, etc.

Error.

El que diga que esté interesado no lo convierte necesariamente en una oportunidad real, interesante o en la que merezca la pena invertir tiempo y recursos.

Hay gente que solo está mirando.

Otros que no tienen una necesidad real.

Muchos no están todavía preparados, ni motivados, para tomar una decisión de compra.

Y otros no pueden ni tomarla.

Ni la tomarán nunca.

También hay a los que no les puedes ayudar, pues tu producto o servicio no se ajusta a lo que realmente necesitan.

Tienes que empezar por encontrar compradores y oportunidades genuinas.

En modo exploración.

Cualificación.

Descubrimiento.

Cual Cristóbal Colón.

Aunque no vamos a pedir a nuestros vendedores que sean Almirantes, pero por lo menos hacerles pensar que en el fondo la venta es también un viaje, y muchos quieren ya descubrir las Indias sin cruzar el charco, y llegar al destino sin pasar por todo el camino, ni por todos los percances, imprevistos y resto de suertes.

Lo dicho, empieza en modo exploración. Y no en modo venta.

Tendrás tasas de conversión más altas si pierdes menos tiempo y energía en clientes potenciales no cualificados.

Y estar interesado no significa automáticamente estar cualificado.

No te lances al cuello a todos los "leads" interesados.

Ni te saltes pasos en el proceso de ventas.

Si no quieres perder tiempo y dinero, incluye la cualificación de prospectos en tu día a día.

26. Emociona a tus Clientes

Hablamos mucho de que hay que vender emociones al cliente, emocionarle, usar la venta emocional, etc.

Pero luego no es tan fácil saber cuál o cuáles emociones queremos transmitir con nuestra propuesta al cliente.

De ahí surge este Pensamiento Vendedor. De esa duda y desconocimiento.

Llegar a conectar emocionalmente con los clientes no es siempre sencillo.

Primero tienes que descubrir sus necesidades, y sus motivaciones y deseos personales.

Y luego incorporar emociones en cada una de dichas motivaciones para construir esa conexión y experiencia recordable.

Pero para ello hace falta un listado de emociones que tu marca pueda generar.

Con dicho objetivo, lancé en su día una encuesta en Linkedin, preguntando precisamente esto:

"Si pudieras hacerles sentir a tus clientes una emoción, ¿Cuál sería? (una y solo una)"

La pregunta parecía fácil. Pero en realidad no lo es. Se trataba también de resumir tu marca en una palabra. En una emoción.

El post tuvo bastante éxito, con más de 25.000 visualizaciones, 127 likes y casi 400 comentarios. Mucha gente votó al respecto, lo cual confirmaba que el tema era de interés y que aunque se repita mucho el mantra de "vender emociones", faltaba pensar un poco sobre qué emociones queremos vender.

El listado siguiente es un resumen de los resultados de dicha encuesta:

1. Confianza (26%)
2. Satisfacción+ relacionadas (14%)
3. Seguridad (8%)
4. Tranquilidad (8%)
5. Empatía (5%)
6. Cercanía (3%)
7. Felicidad (3%)
8. Pasión (3%)
9. Sorpresa (3%)
10. Compromiso (3%)
11. Otras: (24%) pero con menor de un 3% cada una, entre las que estaban: Éxito/Triunfo, Pertenencia/Exclusividad, Alegría, Entusiasmo, Paz/Serenidad/Plenitud, Admiración, Ilusión, Gratitud/agradecimiento, Interés, Nostalgia/Recuerdo, Miedo, Tristeza, Envidia, Injusticia, Deseo, Curiosidad/Interés, Humor/Diversión.

Sí, ganó la confianza. Y no era de extrañar. Como se menciona en el Pensamiento de "35 maneras de ganarte la confianza de tus clientes", hay conceptos que nunca cambian en el mundo de las ventas y la confianza sigue siendo clave para tener éxito vendiendo.

Podemos también decir que seguridad y confianza están muy relacionados y van de la mano. Pero como hubo diversos votos separados de estos dos conceptos, los he mantenido así en los resultados.

Curiosamente, durante la votación, la mayoría votaba por emociones positivas.

El caso es que también las hay negativas, y por ejemplo una que salió poco fue la tristeza. Hay campañas de marcas que también usan historias tristes, que impactan y conectan emocionalmente con la marca, para luego proporcionar la solución a esa tristeza, pena, desgracia, etc.

Recuerda: las emociones negativas también venden.

Al respecto, otra muy usada es la envidia, que seguro habéis sentido alguna vez al ver muchos anuncios de TV que la explotan mostrando riqueza, éxito, lujo, etc.

En definitiva, el ejercicio fue muy interesante para comprobar qué queremos vender y transmitir a nuestros clientes.

Un contacto comentó también que la venta en realidad es un 80% de emoción.

Bueno, en mi humilde opinión no siempre es así, depende mucho del mercado, y no todo es persuasión.

Por ejemplo en ventas B2B de alto valor, cuanto mayor es el precio de un producto y el proceso de decisión más largo, más razonada y técnica es la compra, aunque hay una parte emocional siempre (pues al final el que decide es una persona o un grupo de personas; afortunadamente todavía no somos robots)

Pero no tiene porqué ser un 80% siempre ni en todos los casos. A veces será menos, más, a veces incluso una pequeña parte, depende de la situación, del contexto y del tipo de mercado.

A continuación os incluyo un **listado de emociones**, no exhaustivo, que podéis también encontrar en internet, donde he destacado en negrita las que se consideran "emociones básicas". Podemos también extraer de la votación que dichas emociones básicas no fueron las más votadas, salvo confianza y sorpresa:

*Aburrimiento, Aceptación, Admiración, **Alegría**, Amor, Ansiedad, Anticipación, Apreciación estética, Aprobación, **Asco**, Bochorno, Calma, Complacencia, **Confianza**, Confusión, Culpa, Descubrimiento, Deseo carnal, Desprecio, Disgusto, Diversión, Empatía, **Enfado**, Entusiasmo, Envidia, Esperanza, Éxtasis, Familiaridad, Felicidad, Gratitud, **Interés**, Ira, Melancolía, **Miedo**, Nostalgia, Optimismo, Orgullo, Pertenencia, Placer, Satisfacción, Serenidad, Simpatía, **Sorpresa**, Terror, **Tristeza**, Vergüenza.*

Este listado no es ni exhaustivo ni definitivo, es solo un punto de partida. Y muchas de las votaciones se podrían catalogar como sentimientos, sensaciones, valores, motivaciones e incluso necesidades, más que emociones.

Pero ese fue el resultado. Aunque no coincide con muchos listados que puedes encontrar en internet sobre las emociones que más impactan o usan las grandes marcas, hay que darle su valor: no significa que los que votaron estén más o menos acertados, <u>sino que reflexionaron y pensaron que eso es lo que querían para sus clientes.</u>

Así pues, ahora la pelota está en tu tejado:

1 - Inspírate en la lista de arriba.

2 - Analiza qué factores emocionales son los que puedes utilizar con tus clientes.

3 - Adáptalos a tu producto, servicio, empresa o nicho específico.

Y... ¡Emociona a tus clientes!

Pero recuerda: una cosa es lo que queremos vender y otra lo que realmente necesitan dichos clientes, y en ese equilibrio está la gracia.

Y la emoción de vender.

27. El Auténtico Propósito del Marketing

Este es un Pensamiento Vendedor corto, pero profundo.

Para los que tienen orejas, y quieren escuchar.

Atento.

Voy a cometer una herejía...

Hablar de marketing. Sin ser marketero.

Por lo menos, no de título, aunque en muchas ocasiones haya ejercido al respecto.

¿Sabes cuál es el principal propósito del marketing?

¿Vender?

¿Generar atención?

¿Crear marca?

¿Posicionar el producto?

….

Puede haber muchos, pero hay uno que es principal.

Los demás son consecuencia.

Te lo voy a decir desde el punto de vista de un vendedor:

El propósito del marketing es proporcionar valor percibido a tus clientes para mejorar sus vidas.

Esa es la gran misión.

Marketing es simplemente servir a los demás y añadir valor a sus vidas.

Nada más.

Y nada menos.

Si luego ya ventas vende esos mismos valores, tangibles e intangibles, entonces perfecto. Hay negocio.

Cuánto más valor percibido sea capaz de generar marketing, mejor o más fácil será el camino para ventas.

Ahora bien, no nos volvamos locos. Y nos olvidemos de lo básico.

Para ofrecer valor, primero hay que investigar el mercado, los clientes, etc., y todo lo que conlleva cualquier plan de marketing.

Así pues, ante cualquier acción o plan de marketing, pregúntate si cumple con dicho propósito.

Si no, ten por seguro que no funcionará bien.

Seguro que este pequeño gran secreto os puede aportar valor a vuestro trabajo, y a vuestras vidas.

(Por cierto, si quieres conocer mejor lo que es el valor percibido, te lo cuento en el consejo 25 de 51 Consejos de Ventas)

28. Principales Diferencias entre el Mensaje B2B y B2C

Ya sea un mensaje de marketing o de ventas, ambos deben hacer el producto o servicio lo más atractivo posible al cliente potencial.

Y ambos deben influir en la toma de decisiones de los clientes.

Pero el proceso de decisión de un cliente no es siempre el mismo.

La decisión de comprar una lavadora, una camiseta o una marca de comida para uno mismo es distinta de la forma en que la misma persona toma una decisión para la empresa, como puede ser el qué maquinaria comprar.

Incluso para el mismo producto, por ejemplo un ordenador, no es lo mismo si es para uso personal o empresarial.

Por lo tanto, el mensaje que las empresas transmiten de sus productos o servicios para los consumidores diferirá del mensaje a usar para comercializar sus productos o servicios para otras empresas.

Veamos algunas de las principales diferencias:

El que toma las decisiones ("decision-maker")

En B2C suele ser una persona concreta la que toma la decisión de comprar un artículo, y lo hace generalmente para sí mismo o para la familia, amigos, etc.

En B2B, en la mayoría de los casos, habrá más de una persona que decida, generalmente un grupo de trabajo.

Por lo tanto, conocer a los responsables y el proceso de toma de decisiones en B2B es muy importante desde el punto de vista del mensaje a usar, sin que nos olvidemos por ello que detrás de cada puesto o responsable también hay una persona individual, con todo lo que ello conlleva respecto a diferenciar entre motivaciones de empresa y personales.

Por otro lado, en B2B, aparte de múltiples decisores, también puede haber influenciadores que, aunque no deciden directamente, pueden apoyar o hacer aflorar la necesidad de un producto o servicio concreto dentro de la organización.

De hecho, hay nichos B2B donde el apoyo de un influenciador, movilizador o "champion" interno puede pesar más que la propia autoridad del decisor, sobre todo cuando es necesario el consenso entre el comprador/decisor y el usuario/consumidor interno del producto en la empresa.

Por otro lado, no solo averiguar, sino también el cómo llegar o tener una conversación de ventas con dichos decisores en B2B es generalmente más complicado que en B2C.

Aún así, con dichas diferencias, hay empresas donde solo hay un decisor como puede ser el dueño de la compañía.

En B2C, aunque hablemos de un decisor, el usuario final, puede haber también más de uno en consenso, por ejemplo en el caso de una compra significativa para la familia, como puede ser un coche o una casa, donde también es necesario identificar quién tiene más peso dentro del hogar para dicha decisión.

Pero compran como usuarios y consumidores finales en cualquier caso.

Para productos de menos valor, la esposa, el marido u otro miembro de la familia pueden ser el objetivo diferenciado de nuestro mensaje que también hay que saber identificar para cada producto, si bien el mensaje no siempre está dirigido únicamente al comprador como puede ser el caso de los niños.

Para ambos casos, B2B y B2C, las necesidades personales y las de la compañía pueden ser diferentes a la hora de dirigir la toma de decisión, al igual que los beneficios que puede conllevar dicha decisión, ya sean personales/familiares o empresariales.

Así pues, el mensaje B2B de su público objetivo puede cambiar, dependiendo de si su campaña se dirige a compradores, socios, influenciadores o inversores. Intentar llegar a públicos tan diferentes con el mismo mensaje no es la mejor idea. Para conseguir un impacto real, hay que personalizar el mensaje a cada caso.

En realidad, estamos ya avanzando algunas de las otras diferencias siguientes.

El proceso de ventas

De forma genérica podemos decir que el proceso de ventas en B2B es más lógico y racional, mientras que en B2C es más emocional, aunque en ambos casos el mensaje a transmitir debe incluir dicha parte emocional.

El proceso de toma de decisión en B2B es más lento y más planeado que en B2B generalmente, y tanto más largo cuantos más tomadores de decisión estén involucrados.

Dicho proceso suele estar enmarcado en limitaciones de tiempo y de presupuesto más estrictas en función del valor de la compra.

También, en dicho proceso, la investigación de alternativas y competidores es más profunda y con menor componente emocional, lo que también puede alargar la toma de decisión.

En cambio, las decisiones hechas por clientes B2C suelen ser más rápidas y sobre todo más impulsivas, más emocionales, decidiendo la compra muchas veces casi de forma instantánea.

La venta por impulso es común en B2C, muchas veces promovida por ofertas y descuentos.

Por lo tanto, el proceso de compra en B2C debe ser lo más fácil y conveniente para el usuario, con las menos trabas posibles. En dicho proceso de compra tiene también mucha influencia la imagen de marca y la prueba social, comparado con el proceso B2B.

La motivación

Las decisiones de compra de las empresas suelen estar motivadas por las necesidades y problemas del negocio, a diferencia de las decisiones de los consumidores, que suelen estar motivadas por necesidades personales.

La motivación más significativa de los clientes B2B es mejorar la rentabilidad de su negocio.

Las emociones en B2B también existen, claro, pero a distinto nivel.

Por supuesto, no hay que olvidar que seguimos vendiendo a personas con sus necesidades, miedos y deseos, pero están vinculadas a mantener y mejorar el rendimiento de su negocio o vida profesional, lo cual también puede reflejarse en el mensaje, pero sin olvidar la búsqueda de la eficiencia empresarial y la resolución de los problemas del negocio.

Mientras que en B2C al ser más emocional la decisión de compra, el mensaje debe ser más directo al respecto y siempre basado en capturar la atención del consumidor de forma inmediata.

El consumidor B2C busca la gratificación inmediata, mejorar su vida personal y no tiene que mirar por la responsabilidad de una empresa detrás, aunque sí en su caso por el de su familia, por lo que el mensaje al respecto también tiene que tener en cuenta este tipo de motivaciones.

La relación con el cliente

El B2B se basa más en crear relaciones a largo plazo con sus clientes objetivos. Relaciones personales que tienen más peso que la publicidad directa sobre todo en el caso de la compra repetida y en la venta por referidos.

De forma general, crear la confianza necesaria entre el vendedor y el comprador B2B será el objetivo principal del mensaje, más que la venta instantánea del B2C.

El B2C suele buscar una relación con el cliente rápida y efectiva, una relación transaccional que no busca tanto la creación de una relación personal, sino el foco en el producto y en la venta masiva, lo cual no quita que hay que poner mucho énfasis en la experiencia del cliente que pueda promover la compra repetida y su fidelidad.

La estrategia

La estrategia B2B se centra en la generación de leads y clientes potenciales mediante la creación de relaciones. En cambio, en el caso del B2C, el énfasis se pone en la creación de marca que atraiga a los clientes.

Los compradores B2B confían más en la relación con el vendedor, sobre todo si este es un experto, que en la publicidad como fuente de información sobre el producto, por lo que los vendedores son parte fundamental de la estrategia y también del mensaje como transmisores del mismo.

La imagen, buena reputación del vendedor y cumplir con lo prometido o negociado forma parte de la creación de confianza.

Mientras que en B2C la creación de marca y ponerla en la mente del consumidor como su opción inmediata es la prioridad dentro de la estrategia de cada mensaje.

También los consumidores basan más su toma de decisión en pruebas sociales y referencias, aunque esto también puede formar parte de la estrategia B2B, pero dichas pruebas son empresariales y muchas veces dentro de la relación personal con el vendedor que las usa como herramientas de venta.

El lenguaje

El marketing y las ventas B2B deben utilizar la terminología del sector para aumentar la profesionalidad y la credibilidad, pero la comunicación B2C debe ser más sencilla, con la voz de los clientes y con un lenguaje más emotivo.

El lenguaje en B2B no puede ser tan informal, es más técnico y se necesita de un vendedor experto en el sector y en su terminología, que conozca los procesos empresariales y el nicho de mercado específico.

Mientras que en B2C el lenguaje puede ser más informal, dirigido a provocar emociones y deseo de compra en el consumidor.

Suele ser también más directo, más fácil de entender y puede usar más el humor como herramienta de comunicación, el cual en B2B si no está muy bien dirigido puede ser contraproducente o crear imagen de poca seriedad de la empresa.

El mensaje B2C también busca entretener a la audiencia, mientras que en B2B suele buscar más la educación e información del cliente potencial, para lo que ambos pueden también usar el storytelling para contar los beneficios de su producto.

Si bien, al ser los productos o servicios B2B más complejos, dicha información y dicha historia no busca la gratificación personal del B2C, sino la creación de confianza y relación con la empresa y marca.

El lenguaje en B2B también es más emocional e incluso más exagerado en la provocación de dichas emociones, lo cual no quita que también puedan formar parte del mensaje B2B aunque siempre dentro del ámbito empresarial y utilizando la jerga propia del sector.

Valor de la compra (riesgo)

El proceso de compra B2B no solo es más complicado que el B2C, sino que también las compras suelen ser generalmente de mayor coste y valor, con unos ciclos de venta más largos.

El riesgo es mayor y por ello se hace muy importante la demostración de un retorno de la inversión para la toma de decisión. O del coste de no hacer nada.

En ese sentido, el mensaje B2B debe poner mucho foco en reducir la percepción del riesgo, mientras que el bajo valor de muchos consumibles B2C, con mucho menor riesgo, hace que el mensaje busque más la atracción y la gratificación instantánea que la educación en los beneficios de la inversión a largo plazo.

También el volumen de compra es mayor en B2B, un mayor número de unidades de una vez, mientras que en B2C se trata generalmente más de compras individuales de producto, aunque éstas se repitan cíclicamente. Todo ello afecta también al valor de la compra y al riesgo comentado.

Otro punto a considerar aquí es el pago, que es generalmente instantáneo en B2C, mientras que en B2B puede ser más largo y complejo debido al mayor valor de compra, a la propia estructura empresarial y a la naturaleza del mercado.

En ambos casos, los mensajes financieros dirigidos a posibilitar o facilitar la compra son de aplicación, aunque por caminos generalmente distintos (por ejemplo, no es lo mismo la compra a plazos de unos electrodomésticos a través de entidad bancaria, que la concesión de una carta de crédito para una transacción internacional)

Medios y herramientas de comunicación

En B2B, al ser dirigido a un público más pequeño y específico, el uso de los "mass media" no es tan relevante como puede ser la integración del mensaje dentro de la red comercial, donde la relación de los vendedores con los clientes para llegar correctamente a los tomadores de decisión es fundamental.

También, al respecto, es muy importante la integración entre ventas y marketing, para que dicho mensaje sea coherente y efectivo.

En definitiva, el vendedor y las visitas comerciales siguen siendo importantes en B2B, mientras que en B2C, con el aumento de la venta online y el uso masivo de herramientas digitales, incluso en retail offline, hacen que pierda su antigua relevancia.

Lo cual no quita que el buen servicio al cliente, preventa y postventa, basado en la interacción personal más que en el uso de bots e inteligencia artificial, siga siendo muy importante y muy valorado por los clientes en ambos casos para proporcionar la buena experiencia de compra buscada e incluso la diferenciación ante el cliente por dicho buen servicio.

El B2C usa mucho más todos los medios clásicos de comunicación, televisión, radio, etc., así como un uso mayor de las redes sociales, diferenciándose también cuales son las más importantes en cada caso. En B2B, Linkedin puede ser el principal medio de comunicación con los clientes potenciales, mientras que en B2C puede ser por ejemplo Facebook o Instagram.

El social selling también es más importante en B2B mientras que en B2C el "product placement" y la publicidad pueden ser el principal caballo de batalla.

En definitiva, la forma, el fondo, los objetivos y los medios de los mensajes B2B y B2C deben de ser distintos, si bien hay mucha casuística donde hay similitudes, pero hay que prestar siempre atención a cómo optimizar los elementos mencionados.

Por supuesto, hay más diferencias pero solo quería destacar algunas de las principales para que puedas analizar mejor tus diferentes estrategias dependiendo del mercado al que te dirijas.

29. La Eterna Guerra entre Marketing y Ventas

Este es un tema eterno, recurrente, y que sigue siendo muy importante para todas las empresas y empresarios.

Hoy en día, marketing necesita saber más sobre ventas, ventas necesita saber más sobre marketing, y todos necesitamos saber más sobre nuestros clientes.

En definitiva que todos miremos a través de los ojos de nuestros clientes, y eso implica que ventas y marketing deben estar integrados para poder seguir al cliente moderno digital, conectado, informado, con acceso casi ilimitado a todo.

Hay muchas posibles soluciones, siempre en la dirección de que Marketing y Ventas no funcionen como silos separados.

- **Tienen que trabajar de forma conjunta**: crear planes de comercialización donde participen ambos departamentos, y donde se incluya y combinen planes de marketing y de ventas en el mismo documento, así como que en el control, modificación y seguimiento del mismo se compartan responsabilidades:

- **Pensar entre ambos cómo conectar con el cliente**: el área de Ventas debe concienciarse de la importancia que tienen los mensajes y posicionamientos que define Marketing para aplicarlos en sus contactos con los clientes también.

- **Unificar los mensajes que se lanzan al cliente por ambas partes**: por ejemplo, la comunicación online y offline deben ser similares en todas las plataformas, una coherencia en la imagen y mensaje de empresa, de marca, valores, que todos tienen que conocer y usar, marketing y ventas.

- **Definición en común de las estrategias**: cada uno trabaja una parte del embudo de ventas, pero la estrategia es conjunta y deben estar alineadas (empezando por la etapa de conocimiento en la parte superior del embudo del viaje del cliente, hasta la etapa de lealtad a la marca, todo debe estar unido como una experiencia única del cliente)

- **Colaborar en la generación de leads y en los objetivos de ventas**: es recomendable crear un grupo de trabajo que integre a personal de los dos departamentos para optimizar el proceso de generación de leads. Atraer a nuevos clientes es más caro que retenerlos. No hay que centrarse sólo en conseguir nuevos clientes, sino también en fidelizarlos. Por lo tanto, las ventas y el marketing deben trabajar en estrecha colaboración para aumentar el ciclo de vida de sus clientes, unir fuerzas en el crecimiento y la retención post-venta.

- **Generar propuestas de valor conjuntas**: la experiencia del prospecto y la del cliente no deben estar separadas o tratadas por los dos departamentos de forma distinta. Igualmente, la generación de contenido y materiales publicitarios debe ser compartida y consensuada.

- **Medir y valorar el éxito de ambos**: una forma de crear

confianza entre la comercialización y las ventas es hacerlas responsables de los mismos objetivos e ingresos de la empresa. Generalmente los vendedores trabajan por comisiones pero los ejecutivos de marketing no. Para integrar exitosamente ambas funciones, la empresa tendrá que analizar su política global al respecto. Premiar no solo el cuanto, sino el cómo, que ventas no se rija solo por una facturación, sino que se premie conceptos como fidelización, rentabilidad de cliente, así como a marketing se le impongan objetivos como satisfacción de cliente, posicionamiento, branding, notoriedad, etc.

La alineación de las ventas y el marketing no es una tarea fácil.

Requiere una inversión de tiempo y recursos de todas las partes involucradas, reunirse regularmente para discutir los objetivos, comunicar las preocupaciones y celebrar tanto los éxitos como los fracasos de forma conjunta.

Recordar que, para el cliente, cuando interactúa con la compañía y desde su punto de vista, no existe un equipo de marketing y un equipo de ventas.

Hoy en día se trata sobre todo de la experiencia del cliente.

Y es responsabilidad de ambos departamentos el optimizarla y mantenerla, retroalimentándose y alineándose en dicho objetivo.

30. Lecciones de Ajedrez para Vender Mejor

Fischer llegó a decir que "la vida es el ajedrez". Era un genio un poco loco, pero genio.

Tengo que decir que me encanta el ajedrez, y aunque no llego al extremo de Fischer, encuentro que hay muchas similitudes entre el ajedrez y las ventas: ganar una partida de ajedrez requiere estrategia, conocimiento y habilidad.

Lo cual también es requerido para ser buen vendedor.

Siguiendo con el paralelismo, todos sabemos cómo termina el juego del ajedrez, pero, ¿cómo llegas hasta allí?

Generalmente hay varias posibilidades:

• Utilizando combinaciones tácticas y trucos: el enfoque más directo, propio de jugadores jóvenes y agresivos. Siempre a por el rey de tu oponente, sin importar el material, los costes o los sacrificios.

• Con estilo posicional: más lento y seguro, sin riesgos, típico de jugadores de ajedrez más experimentados. En lugar de ir directamente al rey, intentas llevar tus piezas a las mejores casillas, buscando pequeñas ventajas posicionales en el medio juego para llegar a un final ganador.

• Con estilo universal: mezclando tanto movimientos tácticos como posicionales, adaptándote al juego y psicología del oponente. Con sólidos conceptos y capacidad técnica, mezclados con creatividad, inspiración y siempre tratando de descubrir nuevas soluciones estratégicas.

Al respecto, los campeones mundiales siempre han tenido un estilo universal (Capablanca, Alekhine, Fischer, Karpov, Kasparov, etc.) No quita que hayan jugado muchas partidas de "locura táctica", con increíbles combinaciones y sacrificios, pero generalmente siempre estaban basadas en un profundo conocimiento estratégico de la posición y del adversario, sabiéndose adaptar en cada partida.

En ventas, también puedes usar algunos de los estilos anteriores.

¿Pero cuál funciona mejor?

Supongo que ya lo adivinas.

Siempre es mejor un estilo que te permita adaptarte, usando táctica y estrategia en su justa medida. No siempre agresivo y con mucho riesgo con el cliente, no siempre posicional y sin riesgos. Con sólidos conceptos, válidos para todas las situaciones y jugadas, más que solo con una serie de trucos de apertura que nada más valen para una vez.

Al respecto de la adaptabilidad y el estilo universal, las empresas que saben adaptarse a los cambios que los clientes demandan serán la que sobrevivan. Y muy importante para esa adaptación es la creatividad y buscar nuevas soluciones, tanto en el ajedrez como en las ventas.

Por ejemplo, ahora todos los grandes maestros de ajedrez se han tenido que adaptar a la nueva era de los ordenadores y usarlos como herramienta fundamental en su trabajo.

O eso o morir.

Y en ventas también.

Ahora bien, sea cual sea el estilo que elijas, eso no significa que ganes todas las partidas. Ni siquiera los grandes maestros y campeones del mundo las ganaban todas.

Pero… "En el ajedrez, el que pierde es quien más aprende" (Leontxo García)

Esta frase del famoso comentarista de ajedrez es también aplicable a los vendedores y a las ventas.

Cuando se pierde una partida, el que la pierde es el que más la analiza con ánimo de descubrir dónde ha fallado y ver cómo resolver la situación en la siguiente oportunidad.

El que gana no suele analizar tanto, bastante tiene con disfrutar su éxito.

E igualmente, en ventas, todas las derrotas, todos los noes, son oportunidades para aprender y para crecer.

Para ver que no has hecho bien y analizar porqué fue así.

Yo he cometido muchos errores a lo largo de mi vida profesional. Posiblemente todos. Pero siempre he intentado aprender de esos errores y recordar la lección que se aprende de ellos.

Y para que no los repitas tú también, estos Pensamientos Vendedores son los consejos que me hubiera gustado recibir cuando empecé hace ya muchos años.

Espero que te sean útiles para ganar más veces en el juego de las ventas.

Nos vemos en la siguiente partida.

Te toca mover.

(Nota: Pero recuerda también que, al final de la partida, el rey y el peón van al mismo cajón…)

31. ¿Es Necesario Vender al Cerebro Reptiliano?

No soy ningún gurú ni un iluminado.

Pero sí soy curioso.

Y por lo mismo, siempre me ha chocado la extendida teoría del cerebro "Triuno".

Una teoría de la que se han hecho eco multitud de expertos y gurús en ventas para justificar sus premisas con una base "científica".

El modelo de Mc Lean de los años 70 que habla sobre las tres estructuras diferenciadas del cerebro, el reptiliano, el límbico y el neocortex, y que podían explicar de forma simple el comportamiento humano, es eso, simple, ha tenido mucho éxito y difusión, pero no es del todo correcto.

Ese mito está ya superado por los últimos descubrimientos de la neurociencia y la neuroanatomía comparada.

Para los expertos en neurociencia, la teoría del cerebro triuno posee demasiadas incongruencias en sus planteamientos para ser considerada como válida.

Ahora se sabe que las funciones específicas que esa teoría otorga a las estructuras mencionadas no son propiamente de los vertebrados más evolucionados, es decir, que en otras especies también se presentan comportamientos similares.

Por ejemplo, las aves, sin necesidad de poseer el sistema límbico, tienen un gran instinto de protección hacia su cría, lo cual es una característica que se le atribuye al segundo cerebro (sistema límbico) según la teoría de MacLean.

Descubrimientos más recientes también echan por tierra la teoría de que la neocorteza surgió como la última etapa en la evolución del mamífero moderno. Hoy día se conoce que los primeros indicios de materia gris en las zonas superiores del cerebro fueron hallados en mamíferos primitivos.

O sea, que estas estructuras no aparecieron en un orden ascendente como lo plantea el autor de la teoría del cerebro triuno, sino que ya venían existiendo todas en un mismo cerebro, el cual fue evolucionando de manera general, y no parte por parte.

Nuestros cerebros no son fundamentalmente diferentes de los de los reptiles, o incluso de los de los peces. Cada mamífero tiene un neocortex y todos los vertebrados, incluyendo reptiles, aves, anfibios y peces, tienen análogos de una corteza.

Solo hace falta una simple búsqueda en Google (mejor si lo haces en inglés) para encontrarte muchos artículos al respecto de las contradicciones y errores ya demostrados hoy en día de la teoría de Mc Lean.

No, no somos seres tan superiores y evolucionados del resto de seres vivos.

Nuestro cerebro no es el resultado de un proceso evolutivo de capas sucesivas.

La emoción y la razón no están tan separadas en dichas capas.

Ni lo consciente e inconsciente.

No hay cerebro moderno ni antiguo.

Ni la supervivencia es exclusiva de tal cerebro reptiliano.

Nos guiamos en nuestras decisiones de compra por factores emocionales, motivacionales y sociales, sí, pero la sede de estas decisiones no reside solo en el cerebro reptiliano, sino que está más distribuido y participan otras estructuras.

Cuando actuamos no lo hace solo el reptiliano, cuando razonamos no lo hace solo el neocortex, lo hace todo el cerebro, que es mucho más complejo que esa simplificación.

Creer que heredamos de los reptiles un cerebro y luego se "montó" encima uno mamífero y luego uno "racional" es un error, al igual que pretender explicar la conducta de compra por ahí.

Otros mitos similares, al mismo nivel, son por ejemplo el de que hay un cerebro izquierdo y otro derecho, de tal manera que la lógica reside en el izquierdo mientras que solo el derecho alberga las emociones y la creatividad.

Y otro mito es aquél de que solo utilizamos el 10% de nuestro cerebro. Pero usamos todo el cerebro, todo el tiempo. Aunque algunas áreas están más implicadas en determinadas funciones, el cerebro actúa todo junto, al 100%.

Mitos.

Como el neuromito del cerebro triuno.

Que intentan simplificar una estructura cerebral mucho más compleja de lo que pudo haber imaginado Mc. Lean. Las últimas herramientas de neuroimagen y resonancia magnética revelan que tal distinción estructural no existe.

Supongo que seguiréis oyendo aquello de "vende al lagarto, véndele al reptil, vende a los 3 cerebros…", y eso no quita que haya que intentar vender emociones entre otros consejos, pero posiblemente estemos más influidos por nuestra socialización que por impulsos primitivos atribuidos a una sola parte del cerebro.

Pero los neuro-vendedores seguirán aludiendo a dicha teoría.

Le dan un nuevo nombre rimbombante, "neuroalgo" y ya está, es algo nuevo, pero la forma de vender es la de siempre, solo que ahora "avalada" por una teoría científica.

Lo cual es independiente de que dichas herramientas, formas de vender, mensajes y técnicas de venta son o sean de utilidad, sin que sea necesario para nada, no cambia nada, el que se justifique con el mantra del cerebro reptiliano.

Por ejemplo, entre otras muchas cosas, hablan de:

-"Aprende a venderle al cerebro reptil".

-"Usa imágenes, que estimulan el cerebro reptiliano".

-"Al cerebro reptil le encanta que le hablen con mensajes claros y concisos".

-"Haz hincapié en las diferencias, que activan el cerebro reptiliano de tu cliente".

-"Las emociones activan el cerebro reptiliano".

-"Háblale al cerebro reptil que es el que toma las decisiones de compra".

-"Al cerebro reptiliano le encanta la gratificación instantánea".

-"Hay un cerebro que decide, otro que siente y otro que piensa".

-"Detecta los botones reptiles para activar la decisión de compra" (por cierto, dichos "botones", tales como familia, seguridad, reconocimiento social, pertenencia, poder, exploración, logros, trascendencia, etc., al final son similares a las necesidades humanas de la pirámide de Maslow)

Y así muchos otros consejos similares.

Pero realmente, para aplicar esos consejos de venta, que son más antiguos que la teoría de McLean, al vendedor le da igual que haya un origen de las motivaciones de compra en una u otra parte del cerebro.

O que venga de todas partes.

Da igual.

Los consejos, acciones de ventas y las pautas a seguir son los mismos.

No se trata de activar a ningún reptil, se trata de entender cuál es la emoción que puede tener el cliente en su cabeza (o en su corazón, de esto te hablo en el siguiente Pensamiento Vendedor), de estimular sus necesidades y motivaciones.

Y convertirlas, dirigirlas, en deseo hacia nuestro producto o servicio.

Siempre se ha tratado de convencer, persuadir e incluso

enamorar. De Ethos, Pathos y Logos.

Si a eso lo quieres llamar neuroventas justificando que conectas con el cerebro reptiliano de tu cliente, pues vale…

Si por dirigirte a las emociones del cliente y mejorar su experiencia de compra tú entiendes que estás apelando a su lado instintivo, primitivo, y que estás llegando a su inconsciente, a su cerebro reptiliano, pues vale…

Pero no es necesario.

Repito que el vendedor, en la práctica, no necesita justificarse en la existencia de un cerebro reptiliano para vender más, aplicando lo que por otra parte es de sentido común desde hace milenios.

Solo es necesario seguir los eternos consejos de ventas como los que puedes encontrar aquí y en mis publicaciones anteriores.

Lo siento por algunos.

Muchos me atacarán, incluso con sus tres cerebros a la vez…

Es lo que tiene ser curioso.

32. Ventas con Corazón

"El corazón tiene razones que la razón ignora" (Pascal)

Aristóteles creía que el corazón era la sede de las emociones, funcionando como un todo con el cerebro.

Incluso los antiguos egipcios pensaban que el corazón era el punto de acceso a las emociones, el alma y las fuentes superiores de conocimiento.

De hecho en la momificación el corazón era el único órgano que no se extraía. Según el Libro de los Muertos el viaje al más allá terminaba en el juicio de Osiris, en el cual el corazón era pesado en una balanza, contrapesado con una pluma (símbolo de la Verdad y la Justicia Universal), situada en el otro platillo.

Hoy en día, a pesar de que asociamos al cerebro como el centro de las emociones, la intuición y seducción del corazón siguen impregnando todo lo que hacemos.

Incluido nuestro lenguaje, con cientos de frases al respecto:

"Tiene un gran corazón", "le rompió el corazón", "dame tu corazón", "no tengo corazón para hacer eso",...

De hecho, es el símbolo universal del amor. Y también tiene un papel muy importante en todas las religiones.

Nos llevamos la mano al corazón cuando queremos decir algo con total sinceridad. Y cuando no sabemos que hacer... le preguntamos a nuestro corazón.

Y es que la vida es un círculo.

Muchos no lo sabrán, pero resulta que **el corazón también tiene neuronas**, más de 40.000, y toda una red de neurotransmisores.

Como has oído.

Tu cerebro no es el único "órgano pensante y sintiente", aunque sea de forma distinta.

"La cabeza construye el puente, pero es el corazón el que lo cruza" (Nisargadatta)

Entre otras funciones, el sistema neuronal del corazón estimula la producción de hormonas como la oxitocina (la hormona del amor, las relaciones sexuales y los lazos entre la madre y su bebé) e inhibe la producción de hormonas del estrés (adrenalina, dopamina)

Se ha medido también el campo electromagnético del corazón y se ha visto que su intensidad es mucho mayor que la del cerebro. Y se ha observado que cambia en función del estado emocional, cuando tenemos miedo, estrés, etc.

La actuación, independiente, de sus neuronas y su frecuencia cardiaca tiene mucho que ver con emociones y pensamientos positivos, y también con la ira, instinto, el miedo y la desconfianza.

Esa que a veces sienten los clientes…

(Alguno empieza a atar cabos)

A veces conectamos a la primera, nada más conocernos, con ciertos clientes y con otros no. Una especie de comunicación emocional que no podemos explicar.

Podemos "intuir" que el corazón puede procesar información y que es capaz de influir en el cerebro al estar conectado con la amígdala cerebral. El corazón es capaz de anticipar su respuesta ante un estímulo que aún no ha podido ser percibido ni procesado por el cerebro.

De hecho, incluso su ritmo y frecuencia cardíaca cambia de forma distinta, antes de tomar una decisión consciente, dependiendo de si esta decisión es favorable o no para nosotros, según un estudio basado en un juego de toma de decisiones.

Lo que pasa es que no siempre, y no todos, somos capaces de "leer o sentir" correctamente los mensajes que nuestro cuerpo y nuestro corazón nos manda. Pero eso ya es otra historia.

¡Ah! y no acaba aquí la cosa.

Resulta que podríamos también hablar de un "cerebro intestinal".

100 millones de células nerviosas incrustadas en las paredes del tracto intestinal.

Con más neuronas que la espina dorsal, el llamado sistema nervioso entérico actúa independientemente del sistema nervioso central.

Vaya, ahora "siento mariposas en el estómago"…

Puede funcionar de forma autónoma, aunque está interconectado con el cerebro craneal. Pero hay una actividad química recíproca entre ambos.

También influye en nuestras emociones, percepciones y en nuestros comportamientos. La mayoría de la serotonina del cuerpo, se estima que en torno al 80% o 90%, se encuentra en el tracto gastrointestinal. La serotonina es un neurotransmisor que afecta a muchas funciones corporales y está también está asociada a muchos trastornos psiquiátricos. Su concentración puede verse reducida por el estrés e influye en el estado de ánimo, la ansiedad y la felicidad.

Todo ello sin contar con la flora microbiota (y lo fundamental que es tener una flora intestinal equilibrada) que actúan casi como otro actor independiente al respecto en toda esta "inteligencia visceral".

Por cierto, y al respecto del Pensamiento anterior: ¿Dónde deja todo esto al cerebro triuno?...

"Una buena cabeza y un buen corazón son siempre una combinación formidable." (Nelson Mandela)

Desde siempre sabemos que el corazón arrastra a la cabeza.

Sus neuronas influyen en nuestras reacciones y también en las decisiones de compra.

Y no es una corazonada...

Bueno, hemos dicho muchas veces **que hay que llegar al corazón de tu cliente.**

Empatizar y conectar con él.

Ahora sabemos un poco mejor el motivo.

Se puede vender al corazón.

Y desde el corazón.

Lo que siempre hemos dicho.

Círculo cerrado.

33. El Engaño del Falso Descuento

Esto es una historia real que os puede pasar también a vosotros.

El lugar, una clínica dental (de esas de franquicia) que presumía en su entrada de hacer hasta un 20% de descuento en su promoción actual.

Ya el "hasta" me hacía dudar y me ponía nervioso y desconfiado.

Siempre lo hace, es verlo y me pone a la defensiva (a mí y a muchos clientes ya escamados al respecto), algo que se lo tendrían que hacer mirar los que usan y abusan de ese "hasta".

Entramos, pedimos presupuesto, y para quitarme esas dudas, pregunto al respecto y sí, nos aseguran que nos harán dicho 20%.

Que tienen ahora esa promoción. Que es un 20% de descuento, que no va a ser menos. Que somos estupendos.

Bueno, parecía que por lo menos el "hasta" ya no era un problema.

Hacemos la revisión dental para confirmar los trabajos que había que hacer, nos hacen un presupuesto escrito, y empiezo a leerlo.

Y como eran dos trabajos dentales distintos, habían aplicado 10% de X y otro 10% en Y, un 10% en cada uno de ellos sobre el precio inicial de lista, para luego sumar el total.

Como te puedes imaginar, mi cara era una mezcla de sorpresa y un poco de indignación.

Aún así, amablemente, les indico que no habían aplicado el 20% como habían prometido.

Pero el vendedor dental estaba convencido que sí, que habían aplicado, según ellos, un 10%+10%, y que eso era en total un 20%…

En fin.

Adivina a quién le hacía falta unas clases de matemáticas básicas.

O se hacía el tonto, y si cuela, cuela.

Por esa misma regla de tres, si fueran 10 tratamientos y hacen un 10% de cada uno, llegamos al absurdo de que hacen un 100% de descuento, ¡viva, todo gratis!

El caso es que no hubo manera de convencerle de que eso no era un 20% de descuento, tal como defendía.

Pero su problema, aparte de la ignorancia, era que seguía instrucciones de sus jefes, que le habían dicho que había que aplicar así los descuentos.

Jefes que piensan que sus clientes son zombis.

Por supuesto, no volví y desestimé la "oferta".

Ni volveré.

Ni recomendaré el sitio.

Aunque sí me dejaron con la boca abierta.

En conclusión: no uséis trucos, matemáticos u otros, para engañar a vuestros clientes.

Aparte de que es publicidad engañosa, dañan la imagen, la reputación y las ventas futuras.

Los clientes no son tontos. En general, me refiero, aunque puede que a alguno cngañes.

Pero no se trata de eso.

A la larga se enteran de que les has timado.

Y además se lo cuentan a su familia, a sus amigos, a sus contactos de Facebook, a sus compañeros de trabajo, al lotero de la esquina, al carnicero, al frutero y hasta… a su dentista habitual. A ese de toda la vida, el de confianza.

De eso sí se trata.

34. Cómo Mejorar tu Discurso de Ventas

A los vendedores les gusta hablar. Y todos somos pecadores al respecto.

Yo el primero. Lo confieso.

Esto es un problema.

Con la boca abierta, los oídos se cierran.

Con la boca abierta no descubrimos, no aprendemos y no nos enteramos sobre las necesidades y motivaciones de los clientes.

Y seguimos hablando y hablando, incluso introduciendo objeciones al hacerlo, olvidándonos de cerrar, con discursos prefabricados sin fin y aburriendo al cliente.

Por nerviosismo, por no querer oír un no, por prepotencia, por ansia de vender,…Por mil cosas.

Porque a fin de cuentas somos humanos.

Así pues, en línea con el Pensamiento sobre preguntas que debemos hacer a nuestros clientes, hoy toca mejorar también nuestro discurso de ventas.

Discurso o argumentario que no debe de ser un monólogo. No se trata tampoco de dar conferencias magistrales.

Ni rodeos innecesarios. Al grano.

No hay que hablar por hablar. Ni por rellenar tiempo.

Ni intentar aparentar lo que no es (ni tu producto ni tú)

No malgastes el tiempo aburriendo al cliente con un discurso preconcebido, repetitivo, y no centrado en lo que el cliente realmente necesita.

Algunas posibles soluciones para mejorar nuestro discurso de ventas, aparte de las mencionadas:

- Habla la mitad de lo que hablas ahora (por lo menos)
- Pregunta con frecuencia a tu cliente potencial.
- Escucha sus respuestas (escuchar, no solo oír, aquello de la escucha activa, ¿recuerdas?)
- Si no entiendes bien la respuesta o necesitas saber más sobre su proceso, toma de decisiones, presupuesto, etc., sigue preguntando, descubriendo y escuchando.
- ¿Tienes un argumentario de ventas?, ¿un guión?, <u>pues entonces, recórtalo a la mitad</u>.

En ventas, mucha parte del éxito es hablar menos y preguntar más.

Por eso tienes dos oídos y una boca.

Y no al revés.

¿Nos lo aplicamos en la misma proporción?

35. ¿Tienes Miedo a Vender?

"El conocimiento es un antídoto para el miedo» (Ralph Waldo Emerson)

Uno de los mayores enemigos del vendedor y de las ventas es el miedo.

Miedo al no. Al rechazo.

Al fracaso. A no cumplir con los objetivos.

A ser despedido.

Al qué dirán. Al qué pensarán de ti (tanto los clientes como tus jefes)

A lo desconocido. A no controlar la situación.

A no saber vender. A no saber qué decir o qué responder a los clientes.

Y mil cosas más.

Miedo al miedo.

Es un círculo vicioso.

No vendes porque tienes miedo. Y tienes miedo porque no vendes.

¿Sabes cuál es el mejor antídoto contra todos esos miedos?

…

No, no es que te toque la lotería (¡aunque también! ja, ja,…)

Es el conocimiento.

Empezando por el conocimiento de uno mismo. Y el reconocimiento de dichos miedos.

El conocimiento de nuestras virtudes y defectos.

El conocimiento de nuestros clientes. De nuestro producto. De nuestro mercado. De las técnicas de venta.

Cuánto más preparado estés ante las posibles objeciones sobre tu producto, ante las posibles preguntas y respuestas, ante las circunstancias cambiantes del mercado, ante las necesidades reales de tus clientes, ante los objetivos y actitud adecuada de la venta, ante las prioridades de tu empresa y de tus clientes,…

Cuánto más conocimiento tengas de todo ello, más seguridad tendrás para vender.

Y da igual si eres introvertido o extrovertido.

Si buscas tu valor personal y diferencial como vendedor, y los valores únicos de tu producto o servicio.

Si encuentras realmente el valor que necesita tu cliente.

Si preparas de antemano tus visitas con un profundo conocimiento del cliente.

Si tienes claras las posibles comparaciones con tu competencia.

Si conoces a fondo tu producto, hasta ser un experto del mismo.

Si buscas de forma genuina la satisfacción del cliente y su lealtad.

Si tienes en cuenta los principios eternos para vender.

Si entiendes también los miedos del cliente.

Y si no tienes miedo a seguir aprendiendo cada día.

Entonces perderás el miedo a vender.

Y disfrutarás vendiendo.

Recuerda también que el movimiento se demuestra andando.

Y superar tu miedo a vender, pues igual, se supera vendiendo.

Empieza ya a vender.

Tu mejor arma, el conocimiento.

Y la experiencia.

Yo intento compartirte la mía aquí, y espero que te sirva para mejorar la tuya.

Si así es, comparte y recomienda sin miedo este libro con tus amigos y contactos y con quién tú consideres les puede ayudar también. Gracias por adelantado.

36. El Necesario Toque Humano en Ventas

Hoy una historia real que me temo es más normal de lo que debiera.

Hago un pedido online de dos prendas en una conocida tienda de ropa para niños. Para un regalo.

Dos artículos. Pero solo llega una prenda.

El mismo día devuelven el dinero de la otra. Sin ningún aviso ni comunicación.

El teléfono de contacto no funciona.

En email de atención al cliente solo recibo el típico no-responder automático de "hemos recibido su petición con identificador X".

Después de 5 días no hay manera de hablar con nadie.

Ni respuesta a mis preguntas y correos electrónicos.

No entienden que si no podían mandar las dos prendas no debían mandar ninguna, pues no tiene sentido medio regalo. Claro, las dos prendas van en conjunto.

Pero si les falta stock de alguna, pues debían haber dado la oportunidad de elegir otra y completar pedido antes de enviar nada.

Y antes de devolver ningún dinero.

Pero es imposible hablar con un ser humano.

Todo está automatizado y tontificado.

Una pasta en sistema, pero una malísima experiencia de cliente.

Solo me queda devolver la prenda que sí llegó, por formulario online, claro, también automático.

¿Se dan cuenta del daño que se hacen? ¿De los clientes que pierden en cadena?

No solo me pierden a mí como cliente... ¿Acaso creen que voy a recomendar la tienda?

Seguro que vosotros tampoco.

Tan solo era necesario introducir un contacto humano en algún momento.

Y dar soluciones.

Soluciones.

Adaptando la canción de Jennifer López: *"¿Y el toque humano pa' cuando?..."*

Ahora. Me gustaría contrastar esta historia con otra experiencia de cliente muy distinta a la anterior.

En aquél caso resultaba frustrante que no hubiera manera de contactar con nadie para resolver el problema del pedido online.

Lo que provocó la anulación del mismo.

Los problemas surgen. Se intentan minimizar, pero surgen.

Y cuando pasan hay que dar solución, lo antes posible y de la mejor manera.

Así fue en este nuevo caso. Mira.

Pido cinco productos en una parafarmacia online.

Tienen también sus automatismos a la hora de hacer y pagar el pedido.

Lo normal, y hasta ahí bien.

El caso es que al día siguiente por la mañana me llaman por teléfono de dicha tienda online.

Oye, esto ya de por sí era una sorpresa.

He realizado muchos pedidos online de todo tipo de productos y tiendas.

Y era la primera vez que recibo una llamada telefónica de una tienda online.

La primera.

No un email, ni una respuesta automática, o una plantilla genérica prefabricada.

Eso ya es un diferencial a considerar.

Resulta que por un error de stock no había disponibilidad de dos cajas de un producto que habíamos pedido.

Pero antes de hacer nada (no como en el caso negativo anterior que os he comentado) me ofrecen varias opciones para que yo decida.

Yo.

No ellos, ni tampoco un robot atontado.

Pueden enviar el pedido tal cual, sin esas dos cajas (por si me corre prisa el resto del pedido). O puedo esperar a ver si consiguen localizar más unidades y me dicen algo por la tarde antes de las 17,30 para que pueda salir el pedido con el transportista en el día.

O puedo añadir otros productos distintos. Sin problema. En cualquier caso me devolverían el dinero de los productos que faltaban.

Decido esperar hasta la tarde.

Por otro lado, sin esas dos cajas, al ser un pedido menor ya no llegamos al mínimo para que fuera el transporte gratis.

Pero que no me preocupe, que como es un error de ellos van a ver de intentar no cobrarme el transporte.

Me llaman a las 5 de la tarde. Puntuales. Han localizado una caja del producto y que yo decido si sigo esperando o si lo mandan así, aunque falte otra caja. No me cobran el transporte, aunque no se llegue al mínimo.

Como con una caja me es suficiente por ahora, les confirmo que adelante y todo correcto.

La devolución del dinero de la caja que falta me llega la misma tarde.

El pedido llega al día siguiente.

Todo bien. Y además en la caja incluyen 5 muestras de otros productos.

Sin haberlas pedido.

Lo digo porque en otras tiendas he pedido expresamente que incluyeran algunas muestras gratis y al final no las han metido.

¿Veis la diferencia en el tipo de experiencia como cliente?

Se llama servicio y dar soluciones.

Soluciones humanas.

Hablando.

Tan sencillo como introducir el toque humano cuando se necesita.

Y convertir un problema en una oportunidad para satisfacer al cliente.

Incluso para fidelizarlo.

O por lo menos, para que hablen bien de ti. Como es el caso, y así he hecho, recomendando dicha tienda a mis conocidos por su buena atención prestada.

Y espero que así la sigan prestando en un futuro.

Con el necesario toque humano. Si hace falta.

No os olvidéis vosotros tampoco de aplicarlo siempre a vuestros negocios.

Los clientes os lo agradecerán.

37. Una Regla de Oro para Vender

Te habrán dicho muchas veces lo contrario. Que al cliente no le importa tu producto en sí, sino lo que puede hacer por él. Yo mismo lo he mencionado varias veces.

Pero el caso es que sí importa. <u>Por lo menos como condición inicial de base</u>, sobre la que aplicar el resto.

Independientemente del producto o servicio, hay una regla que siempre debes cumplir para poder vender:

Conoce tu producto mejor que nadie (o por lo menos, mejor que tu cliente)

Si no comprendes lo que vendes, vas a perder muchísimas ventas.

Entre otras muchas cosas:

- No sabrás si tu producto se adecúa a tu cliente, y no podrás discriminar quienes son buenos clientes o no.
- Si no conoces todos los beneficios de tu producto, no podrás mostrarles a tus clientes cómo les puede ayudar.
- Si te hacen preguntas técnicas y objeciones, no sabrás como responder.
- No confiarán en ti como un experto o autoridad en dicho producto.
- Siempre saldrás malparado en cualquier comparación con tu competencia.
- Estarás constantemente perdiendo oportunidades de venta.

Pero eso es solo el primer paso.

Con toda esa información hay que preguntarse luego cuál puede ayudar a tu cliente y cuál no. Y adaptar el conocimiento profundo de tu producto a las necesidades reales de cada cliente.

Pero eso ya son otras reglas. Que sí están escritas.

38. Un Pequeño Detalle para Conquistar a tu Cliente

Siempre, siempre, debes agradecer a los que te dedican su tiempo, sean ya clientes o no.

A fin de cuentas, se trata de relaciones entre personas.

Por ejemplo, y es algo que se olvida fácilmente, después de una visita, **agradece siempre a un cliente por la misma**.

Un email de agradecimiento después de una reunión de negocio (¡un email personalizado!, nada de plantillas) puede además servirte y ayudarte a:

- Recopilar la información sobre puntos tratados y acuerdos alcanzados.
- Confirmar que no se ha olvidado ningún punto importante.
- Establecer los siguientes pasos y acciones a seguir por ambas partes o fechas de la siguiente reunión.
- Definir una "llamada a la acción" (Call to Action)
- Fomentar y mejorar la relación y la confianza.
- Te diferenciará de otros muchos que no lo hacen, y mejorarás la percepción de tu cliente en comparación con la de tus competidores.
- Demostrarás que no te olvidas de ellos, que no son un cliente más.

- Mejorarás la experiencia del cliente.
- Y les haces sentir humanos.

Muchas empresas han perdido clientes solo por la indiferencia hacia ellos.

La gratitud con el cliente forma parte también de tu atención y servicio, y tal como he comentado, puedes aprovechar dicho agradecimiento para reforzar la conexión y planificación del seguimiento posterior.

Lo mismo es válido no solo para reuniones.

Extiende el concepto y agradece a tus mejores clientes por su fidelidad, o a aquellos que hace tiempo no tienes contacto como una excusa para retomarlo, a aquellos que vuelven, o por qué no, a todos tus clientes en general.

También, después de solucionar un problema, es muy importante enviar una nota de agradecimiento a aquellos que se han quejado por algo o a los que se le ha resuelto una incidencia.

Puedes pensar también en regalos o pequeños detalles por fechas especiales, cumpleaños, fin de año, aniversario de la empresa, etc.

Depende de tu creatividad. Hay muchas maneras de ser originales y contribuir a una agradable experiencia de cliente.

Agradece siempre a tu cliente por estar, por venir, por ser y por su tiempo y atención.

Al fin y al cabo, son la parte más importante de tu empresa.

Y como no podía ser de otra manera, ¡muchas gracias a todos los lectores y lectoras de este libro!

39. La Receta Milagrosa de toda Venta

A veces miramos y no vemos.

O vemos, pero no miramos. Como prefieras.

Sucede todos los días.

A mí me sucedió hace poco.

Te cuento.

Estaba en una farmacia a la que voy habitualmente, esperando mi turno.

Mientras tanto, mi mente y mi mirada deambulaban por las estanterías de la farmacia, las cuales había visto muchas veces, aunque siempre sin prestar mucha atención.

Sin saber por qué, me fijé en una estantería pequeña que supongo llevaba allí mucho tiempo, pero en la que nunca me había detenido.

Era la típica de cajitas de hierbas para todo tipo de dolencias, para el estrés, el insomnio, la digestión, la relajación, etc. Nada nuevo que no hubiera visto otras veces.

Cuando de repente la veo.

Entre todas las cajas veo una que pone: "Felicidad".

¡Ah! Allí estaba.

Nunca me había fijado, y allí estaba, por fin.

La panacea. El bálsamo de Fierabrás. El Santo Grial. El remedio de todos los males.

Había encontrado en una pequeña cajita la receta secreta que todos buscamos.

La Felicidad. Y a la vista de todos.

Aunque nadie se fijaba en ella.

No estaba escondida, pero había que mirar con detenimiento para encontrarla.

Llegados a este punto, muchos lectores, sobre todo los escépticos, se preguntarán:

"Raúl, ¿y qué tiene que ver todo esto con las ventas y el vendedor…?"

Bueno, pues tiene que ver. Y mucho.

¿Acaso no es la felicidad lo que todo vendedor está buscando en todo momento?

Entre otras cosas, buscamos la satisfacción y la fidelidad del cliente.

Y en última instancia, la felicidad del cliente. Y en consecuencia también la del vendedor y la de la empresa.

En cada mail. En cada conversación. En cada visita.

En cada problema que surge durante el proceso de venta.

En cada presupuesto. En cada pregunta. En cada respuesta. En cada objeción.

En el día a día con los clientes.

Buscamos su felicidad y resolver todos sus problemas con nuestros productos y servicios, y con nuestra ayuda.

Es el ingrediente necesario para que toda venta prospere.

Pero a veces no sabemos mirar con detenimiento.

No prestamos atención, por lo menos no la suficiente, **para descubrir dónde está la cajita de felicidad de cada cliente que, seguramente, también estará a la vista.**

Y hasta discutimos llegado el caso, sobre todo si perdemos la venta. Por no encontrarla, por no haber sabido encontrarla, por no fijar nuestra mirada en la dirección adecuada.

Pero seguro que allí estaba.

Solo hay que ver. Y mirar.

De forma consciente. Deliberada. Sabiendo lo que buscamos.

Detectando tanto las necesidades como las motivaciones y deseos particulares del cliente.

Aquellas que nos lleven a encontrar su cajita de felicidad.

¡Ay! y cuantas ventas se han perdido por no haberla encontrado… o por creer que sabíamos dónde estaba.

Por ello, búscala en todo momento con tus clientes. Y ten abiertos tus ojos y el resto de tus sentidos en cualquier contacto con cada cliente.

Cuando la encuentres, ten por seguro que venderás más y mejor.

Y serás más feliz.

Tú y tu cliente.

Nada más.

Y nada menos.

Fin de la historia.

40. ¿Tienen tus Clientes Miedo a Comprar?

Una de las claves para vender más es traer y resolver en el presente el pasado y el futuro del cliente.

— ¿El pasado y el futuro?… Venga, Raúl, ¿vamos a viajar en el tiempo?

—Pues sí. Pero sin el DeLorean de Marty McFly.

Se trata de pensar en todo aquello que pueda reducir el esfuerzo del cliente para tomar su decisión de compra.

Eliminar barreras.

Y entre dichas barreras, son muchas veces nuestros miedos al futuro y las frustraciones del pasado los que impiden que tus clientes compren.

En este sentido, más que buscar lo que motiva a los clientes, a veces se trata también de buscar lo que los desmotiva, cuyas raíces están a menudo en el miedo a no cometer errores (miedo al futuro) y a no volver a cometer los mismos errores (del pasado)

Miedo a no equivocarse de nuevo con aquél tipo de producto de mal recuerdo ("no quiero volver a probar ni aunque sea de otra marca")

Miedo a que se le vuelva a estropear en dos días.

Miedo a no sentirse bien atendido, sin servicio técnico adecuado. O sin garantías.

Miedo a ser manipulado o engañado por el vendedor ("como

aquella vez que me la metieron doblada")

Miedo también a las consecuencias futuras tras haber comprado ("¿y si no es para mí?"), o que el producto no cumpla las expectativas ("¿me devolverán el dinero?")

Miedo al qué dirán ("como cuando compré aquello y mis amigos me llamaron de todo menos guapo...")

Miedo a que la inversión no se amortice en el futuro en un plazo razonable, o con insuficiente ROI ("todavía recuerdo la última bronca del jefe cuando compramos X")

Miedo al simple desconocimiento del producto o servicio. O a que le falte tal o cual ventaja o función ("que después de la última vez, ya me es imprescindible")

Y mil cosas más.

Somos así.

De complicados.

Y de simples.

Las experiencias pasadas negativas son un coste psicológico muy importante que se suma al coste del precio del producto, como otro coste adicional.

En ese sentido, debemos entender qué problemas tuvo y qué problemas y miedos quiere evitar. Y superar esta desconfianza en cada posible caso.

Y <u>pueden ser miedos justificados o no</u>, puede incluso que sean falsas creencias sobre el producto, sobre su forma de usarlo, sobre la interpretación de su calidad real o sobre el coste real de la inversión.

Es labor del vendedor averiguar dichas experiencias pasadas, para poder revisar su oferta y conjugar o unir en el presente del cliente, sus miedos pasados y sus expectativas futuras con nuevas soluciones y valores que eliminen dicha barrera psicológica.

Al igual que hemos dicho que hay que aportar valores emocionales que persuaden al cliente, valores positivos, también hay que derribar valores emocionales que le disuaden.

Se trata de reducir el miedo a cometer errores que todos tenemos como clientes, de minimizar el riesgo percibido y el miedo a las repercusiones futuras si no se compra bien, y que hacen que no se acabe nunca de decidir esa compra.

Póngase en el lugar de sus clientes e intente descubrir el porqué de sus miedos pasados y futuros y sobre todo: ¿cómo puedes tú ayudarles a reducir estos miedos?

Como diría Yoda: "el miedo es el camino al lado oscuro…"

Así pues, ¡derriba los miedos de tu cliente!

41. Un pequeño gran Consejo para Gestionar Mejor tu Tiempo

Hay tantos consejos en internet sobre cómo gestionar mejor el tiempo disponible en tu vida profesional, que se hace difícil a veces el encontrar pautas sencillas entre tanto método al respecto.

Esto también es aplicable al vendedor, el cual tiene que centrar sus esfuerzos de la mejor manera posible para conseguir sus objetivos, y no perder el valioso y escaso tiempo.

Al respecto, en "Vender Más y Mejor", mencionaba y discutía la clásica y famosa Ley de Pareto del 80/20, y cómo adaptarla a las necesidades del vendedor.

Con cierta relación, hoy quiero hablarte de un consejo que también te puede ayudar mucho en la gestión de tu tiempo.

Escucha con las orejas:

Termina UNA cosa hoy.

El resto ya vendrá.

Solo una.

El problema es peor cuando empiezas muchas cosas a la vez y el caos se multiplica.

Tienes que empezar a terminar algo, de uno en uno, o al final nada se acaba nunca.

Lo contrario es simplemente improductivo.

Pon tu foco, concentración, tiempo y acción en terminar lo que empiezas.

Foco. Concentración. Tiempo. Acción.

Y termina algo hoy.

A medias no.

Una.

Solo una.

Al fin y al cabo, si no terminas por lo menos una, ¿cómo crees que puedes terminar con el resto?

Decía el sabio Lao-Tse:

"Un viaje de mil millas comienza con un primer paso"

Nada más por hoy.

42. Tu Principal Trabajo como Vendedor

"Puedes llevar un caballo al agua, pero no puedes obligarlo a beber."

Un proverbio clásico. Pero que tiene miga.

Y que vamos a aprovechar para llevarlo a nuestro terreno…

Es decir, tu trabajo (como vendedor) no es hacer que el caballo beba.

Tu trabajo es hacer que tenga sed.

Y dirigirle al agua.

Que tus clientes quieran tu producto por lo que puede hacer por ellos (solucionar su problema, su sed)

Alguno dirá que los clientes no son caballos. Pero bueno, algunos son testarudos…

Es broma, claro, y una metáfora.

Seguimos.

Por mucho que tires de la cuerda, el que decide al final es él.

El cliente compra cuando quiere, cuando está listo para comprar.

Cuando está convencido de que dicha transacción le beneficia.

Cuando tiene claro las ventajas que obtiene.

Y ahí debe estar el vendedor para ayudarle en eso.

Para hacerle claras y obvias dichas ventajas.

Sobre todo las diferenciales respecto a tu competencia.

Y para que perciba de forma relevante los beneficios de tu solución o producto y tu propuesta de valor.

No vendas, ayuda a comprar.

¿Qué podemos hacer para ayudarle?

En realidad podemos hacer muchas cosas. De hecho, la mayoría de lo que se menciona en este libro y en los anteriores va en ese sentido.

¿Qué el caballo tenga sed?

Infinita. Y que quiera solucionarla. Pero hay muchos ríos entre los que puede decidir, por lo que hay que procurar dirigirle solamente al tuyo (aunque a veces, incluso, al de la competencia, si es menester y no es tu tipo de cliente)

Pero hay que tener cuidado de que no se atragante.

A veces le empujamos demasiado, y no le dejamos respirar entre trago y trago. Vendedores, por favor, una vez que ya está bebiendo, que ya es nuestro cliente, no seáis pesados, ni intentéis ya cabalgar como locos por la pradera. Con calma. Hay que seguir ganándose su confianza, antes, durante y después de la venta (sobre todo después, para fidelizarlo)

Alguno dirá, pues hala, otra habilidad más para el vendedor, la doma de caballos…Ja, Ja.

¡Que era broma, un símil! No te lo tomes en serio. Solo el sentido, sobre el que te invito a reflexionar.

43. De Vendedores Perversos y Depredadores de las Ventas

Puede que lo seas y no lo sepas.

Puede que seas un Vendedor Perverso.

Te invito a averiguarlo con la siguiente lista y piensa si tú lo haces en tu día a día:

- Utilizar múltiples trucos con tus clientes para manipular y forzar cierres.
- Mentir sobre lo que tu producto hace, tiene o incluye.
- Prometer en exceso, pero luego no cumplir todo lo prometido.
- No mencionar los costes y condiciones de la letra pequeña antes de firmar.
- Sonreír siempre de manera falsa, cual Joker…
- Abrumar al cliente hablando mucho, sin escucharle.
- Ser cansino, no aceptando nunca un no, ni cuando es realmente no.
- Poner verde a la competencia o a otros clientes.
- Cobrar rápidamente y luego retrasarte con múltiples excusas.
- Creer que lo sabes todo, más que tus clientes y no tener interés en aprender ni crecer como profesional.

Son solo 10 puntos, aunque podrían ser muchos más.

Pero lo importante es que te mires en el espejo y seas sincero contigo mismo.

Si cumples el 25%, siento decirte que te has pasado al lado oscuro, busca de nuevo la fuerza… También te puedo recetar una buena dosis de conceptos eternos de ventas.

Si cumples la mitad, eres un Vendedor Perverso, y no debieras seguir vendiendo hasta que te tomes una dosis doble.

Si cumples la mayoría, no solo eres Perverso, eres un Vendedor Canalla.

Y eso ya es imperdonable.

Pero si lo eres, ¡cuidado!, estás en peligro.

De extinción.

Y te extinguirás en breve, como los dinosaurios.

Pero también hay otro tipo de Vendedores, los que podemos llamar Depredadores.

Todavía los hay. Son como lobos en piel de cordero.

Cazadores que intentan inspirar una falsa confianza y seguridad en el cliente.

Pero que solo quieren sangre.

Te manipulan con cortesía, mintiendo, engañando y prometiendo en exceso, embaucando y vendiendo motos que no son…No tienen compasión con sus víctimas.

Son vendedores poco éticos que solo ayudan a fomentar el

clásico estereotipo y la opinión negativa sobre los vendedores.

Pero hoy ya no se trata de cazar clientes.

Ya no se trata de vender a toda costa.

El paradigma ha cambiado. Hoy vender es otra cosa.

Buscar la sangría del cliente es pan para hoy y hambre para mañana.

Se trata de construir relaciones a largo plazo, y que sean de valor.

Deja de luchar y tu cliente te lo agradecerá.

Además, ya no hay muchos corderos…Y las ovejas no son fieles al lobo.

Deja de cazar. O pescar.

Evoluciona. Y empieza a cultivar.

La verdad, pensándolo ahora, entre lobos, dinosaurios, depredadores y caballos, me está quedando un zoo curioso en este libro,…

Pero mira, en el primer libro colé una de toros y torear y nadie se quejó… Y por cierto, hablando de lobos, te lo cuento en el siguiente Pensamiento.

44. Esa Llamada difícil

Juan tiene un problema.

Un marrón.

Tiene que hacer esa llamada difícil a un cliente que se ha quejado del servicio. No es su culpa. Ha sido un fallo de otro departamento, pero él tiene que dar la cara.

Juan se siente echado a los pies de los lobos.

Tiene miedo. Los aullidos son de bronca monumental…

No sabe si llamar o enviarles un email, así se tranquilizan mientras tanto — piensa él.

Al final no llamó, ni tras el email "tranquilizador".

El problema se acabó solucionando, y Juan respira aliviado. Pero ese cliente nunca ha vuelto a comprar…

Juan sigue oyendo los aullidos de los lobos.

No sabe que solo están en su cabeza. Y todavía no se han comido a nadie.

Los clientes quieren sentirse escuchados, comprendidos y valorados.

Eso no lo puedes hacer si te escondes tras un mail.

No pierdas la oportunidad de convertir a un cliente insatisfecho en uno satisfecho. E incluso de fidelizarle por tu buena atención y servicio post-venta.

Recuerda que puedes transformar una dificultad en una oportunidad.

Pero para eso primero hay que acallar a los "lobos mentales"… que te paralizan.

No seas como Juan.

Haz esa llamada difícil.

Y deja de oír a los lobos.

(Nota: ¡y que no se me moleste ningún Juan! es un nombre ficticio y podría haber sido cualquier otro, claro)

45. Clases Gratis de Ventas en Televisión

Seamos sinceros. Todos solemos cambiar de canal cuando interrumpen nuestro programa de televisión favorito para dar paso a los anuncios publicitarios.

Son un fastidio.

A veces son incluso más de diez minutos de anuncios…

Un tiempo perdido.

Claro que puedes verlo desde otro punto de vista.

Y es que son muy educativos. Para cualquier vendedor y para sus conocimientos de ventas.

Pueden hasta llegar a ser divertidos.

De hecho son pequeñas clases de cómo convencer, persuadir y comunicar mensajes de venta.

Están ahí, son gratis y solo se trata de <u>ver y mirar con ojo curioso</u>.

Con ánimo de entender (y a veces reconocer) porqué dicen lo que dicen, cómo lo dicen, cómo lo muestran, qué tipo de mercado/cliente buscan, qué motivaciones y qué deseos persiguen, y en definitiva

todo aquello que también en su día a día persigue el vendedor: la atención, interés y acción de compra de sus clientes.

Son un gran ejercicio.

Y si intentamos mirar dichos anuncios con otros ojos, con esas ganas de entenderlos, podemos aprender muchas cosas que nos pueden hacer ser mejores vendedores.

Nos pueden luego servir en cómo transmitimos nuestros mensajes a nuestros clientes, en qué estrategia podemos seguir, ya sea tanto presencial como en mensajes escritos.

Si otros usan estas técnicas para entrar en el cerebro de sus consumidores, ¿por qué no fijarse en cómo lo hacen estos expertos publicitarios y aprender un poquito de ello?

Puedes fijarte por ejemplo en los eslóganes o titulares que dicen y muestran dichos anuncios.

Y analizar por qué han escogido unas palabras y otras no. Si son largos o cortos. Si se repiten varias veces en el mismo anuncio (¡ah! el gran efecto de la repetición sobre el cliente). Si despiertan emociones, y cuáles.

Puedes también analizar si en la forma de presentar el producto o el mensaje hay un claro intento de diferenciación respecto a sus competidores. E intentar entender qué ventaja diferencial intentan resaltar y cuál es el posicionamiento que buscan. Si está dirigido a hombres o a mujeres, o a ambos, o al público más joven, al infantil, etc.

Puedes incluso descifrar su estrategia de marca y cómo intentan reforzar los diferenciales de su marca a través de dicho producto.

Entender también qué tendencias de mercado están cubriendo, buscando, o cuáles intentan imponer.

Si buscan el liderazgo o asentarse en otro puesto del mercado (no todos luchan por ser el número uno del mercado)

Si solo compiten por precio, o cómo dicho precio se conjuga con el conjunto de características, beneficios y ventajas que destacan.

E intentar comprender por qué lo venden como lo venden, de esa manera.

O pensar incluso si habría otra forma mejor en tu opinión.

O si precisamente su alto precio es lo que destaca (me viene a la mente la famosa frase del turrón 1880: "el turrón más caro del mundo") para posicionarse dentro de ese atractivo de calidad de los productos muy buenos y que por ende tienen que ser caros.

Si es un mercado de exclusividad, de lujo, de conseguir status social y cómo transmiten dichos mensajes motivadores.

O si basan su fortaleza en beneficios como la resistencia, la durabilidad, el largo plazo, la forma de uso del producto, etc.

O en la cantidad de producto ("más por menos"), en el uso de palabras al respecto ("el doble de X", "dos en uno", "el doble de potencia", "mejor tres que dos", etc.), en el tamaño ("más grande que…", "un producto pequeño comparado con…")

También si el mensaje incluye aspectos sexuales, o relacionados por persuadir respecto al atractivo sensual y sexual de dicho producto y cómo introducen estos conceptos (¡ah! los anuncios de perfumes, todo un mundo de fantasía… o también el de la publicidad subliminal)

Si atacan, generalmente con descaro, los problemas del cliente objetivo (por ejemplo, en el caso de los anuncios de las dietas, cómo explotan el "problema" del sobrepeso, o también en los anuncios de medicamentos)

Puedes también descifrar en tu ejercicio mental si el anuncio es relativo a una época del año (navidad, vacaciones, verano, etc.) y cómo lo hacen resaltar, con qué motivaciones específicas de esa época.

Si destacan el país u origen del producto como identificación de calidad o reforzamiento de marca (el famoso "made in…")

O si destacan la región, el producto regional, la denominación de origen, e intentan educar al consumidor respecto a otros productos similares que no tienen dicha distinción.

También qué colores utilizan, y qué emociones intentan despertar con dichos colores, ya sea confianza, seguridad, sorpresa, curiosidad, alegría, pena, miedo o asco incluso.

Si juegan con el tiempo como valor (ahorrar tiempo, conseguir algo más rápido, no perder tiempo) y en definitiva con contrarrestar el valor del precio con otros valores que debe también considerar el cliente.

A lo mejor acabas también notando que a veces el mensaje tiene que ver con el número, tipo o alguna característica del canal de distribución usado (por ejemplo en todas las ventas por internet, o en la disponibilidad de tal o cual establecimiento en muchas ciudades, número de sucursales, franquicias, etc.) en definitiva con acercar el producto y marca al cliente, a su terreno más cercano, e intentar entender por qué consideran eso puede ser una fortaleza a destacar, sobre todo si comparamos cómo transmiten su mensaje con otros competidores del mismo producto.

Cómo no, tan en boga hoy en día, si usan la etiqueta "verde", la de producto o marca ecológica, sostenible, relacionada con el cambio climático, con el medio ambiente, y notar incluso cómo algunos pueden incluso utilizar este beneficio como un diferencial.

También si su apuesta es por la personalización de su producto como ventaja principal, la versatilidad en adaptarse a los gustos, deseos específicos y características de cada cliente.

Si destacan lo deportivo, la vida sana, lo saludable (independientemente de lo que cada cual entienda por saludable...), los valores competitivos, el ejercicio, etc. Todo un mundo también este tipo de anuncios.

Al respecto, también hay muchos dedicados a un cierto estilo de vida, a mucho deseo de éxito social, profesional, independencia, ruptura de roles, etc. los cuales también son interesantes el analizar cómo consiguen transmitir dicho mensaje.

También si no nombra a su principal competidor pero se ve claramente cuál es y cómo lo combaten (sí, aquí a todos se nos viene a la cabeza la guerra Pepsi vs. Coca-Cola... pero hay muchos más)

Por no hablar de la venta de experiencias...uf. Ahora todo son experiencias, emociones, mucha compra por impulso, mucha seducción. Pero hay que detectarlo, y si es necesario, tenerlo como herramienta cuando se necesite.

En definitiva, todos intentan sobresalir en este mercado tan saturado. Y tú, vendedor, en tu día a día, también.

Por lo que entender, analizar, aprender y comprender todos estos conceptos que puedes detectar en los miles de anuncios que ves, te pueden ser de gran ayuda para afilar el hacha.

Para tener mayor impacto en tus propias campañas publicitarias.

Para ser más ágil detectando qué motivaciones son las más adecuadas con cada tipo de cliente tuyo, qué tipo de mensaje va a tener más éxito, qué diferencial necesitas o si estabas incluso tocando la tecla incorrecta.

Para que entiendas mejor la psicología humana, las necesidades, motivaciones y deseos de tus clientes.

Para que seas mejor vendedor, al fin y al cabo.

Y, por qué no, para que no te aburras tanto entre cada pausa publicitaria.

A lo mejor, incluso las acabas esperando…

46. Cómo Competir contra las Grandes Superficies

El otro día compré un producto en una tienda especializada.

Y lo compré más caro que el mismo producto en una de esas grandes superficies que todos conocemos, esos monstruos de hipermercados que tienen de todo.

Tampoco mucho más caro en realidad, en ese momento no sabía la diferencia, aunque lo intuía.

¿Y por qué entonces lo compré?

Porque me dio igual el precio.

Lo que obtuve valía más que esa pequeña diferencia.

Te cuento.

El vendedor que me atendió hizo la magia.

La de vender valor, me refiero.

Pues no solo me explicó y aclaró todas las dudas que tenía sobre el producto.

Fue más allá de lo que yo puedo encontrar en las instrucciones de uso del producto. Más allá de lo que (por supuesto con excepciones) cualquier personal de esas grandes superficies podría explicarme, y que por experiencia, o no conocen bien el producto o se limitan a leerte lo que pone en la etiqueta.

No, en cambio me habló de su propia experiencia con el mismo, y sobre todo me alertó de un peligro que tenía que evitar al usarlo.

Algo que me hubiera costado mucho dinero si lo hago mal, y que por supuesto no se indicaba ni en la etiqueta ni en ningún sitio.

Me dedicó mucho tiempo, y hasta diría que llegamos a conectar al compartir experiencias comunes sobre el asunto.

Me aportó algo que solo me podía aportar un experto en el tema.

Y da igual el tema. Por eso no quiero hablar ni del producto ni de su aplicación.

Da igual el producto que fuera.

Tampoco me presionó para comprarlo, solo me asesoró y me ayudó. Punto.

Del precio ni hablamos.

Lo importante es la confianza que generó y el quitarme cualquier inseguridad de comprarlo al saber exactamente cómo usarlo bien y cómo evitar el usarlo mal, lo cual hubiera provocado males mayores.

No miré ni el precio.

Me fui satisfecho, contento y feliz con mi compra.

Y sobre todo agradecido por haber dado con alguien que me abrió los ojos y me aportó un valor adicional.

Diferencial.

Luego vi ese mismo producto en ese monstruo que empieza con C. No vamos a darle publicidad, claro. Pero todos sabemos de quién hablo.

Pregunté más o menos lo mismo. Incluso dejé caer la duda de qué pasaría si… y nada, nadie me supo decir lo que yo ya sabía y que era un riesgo y problema a evitar con el mismo.

En fin… ¿me dio rabia que fuera más barato allí?

… Pues no. No fui corriendo a cambiarlo e intentar ahorrarme unos pocos euros.

Porque había pagado por algo más.

Además:

¿Donde crees que voy a volver a comprar cualquier otro producto relacionado?

¿O a preguntar cuando tenga una duda?

¿O a quién voy a recomendar si alguien me pregunta?…

Pues eso.

El que tenga orejas que oiga.

Muchos pequeños establecimientos están en guerra constante con estas grandes superficies.

Y cometen el error de intentar competir en precio. Una batalla que nunca van a ganar.

La única forma de hacerlo es dar lo que ellos no dan.

Ese valor adicional.

Y esa confianza que solo un vendedor experto, experimentado y con ánimo de ayudar al cliente puede dar.

Más que precio, información. Y valiosa, de la que no puedes encontrar en ningún sitio.

Todavía hay esperanza.

Todavía quedan vendedores. De los buenos.

Pero hay que estar atento. No mirar solo el precio.

Y no vender solo por precio.

Esto no es un consejo de ventas de los habituales. Solo es una reflexión de una vivencia.

Lo puedes tomar como una tontería. O cómo algo muy profundo.

Mucha verdad sobre lo que son las ventas.

Sobre cómo no competir con precio.

Y sobre cómo competir con monstruos impersonales.

Tómalo cómo quieras.

47. ¿Haces Seguimiento de tus Oportunidades de Venta?

Hoy toca darle un par de vueltas al famoso seguimiento, ya que siempre es bueno insistir en su importancia. Sobre todo cuando todos sabemos que un porcentaje muy pequeño de las ventas (algunos hablan de un 2%) se producen en el primer contacto o conversación.

Para hacer seguimiento es necesario combinar muchas habilidades del vendedor, aunque podríamos destacar la constancia, la capacidad de organización y la creatividad.

También destacaría un muy importante espíritu de servicio al cliente, con la mentalidad de que el valor que le puedes aportar es mayor que en el caso de dejar al cliente abandonado en el proceso.

Y aún así, es una de las tareas que más detestan los vendedores y donde más fracasos se producen, pues la mayoría abandonan en el primer intento, si es que incluso lo hay.

Hay muchas razones por las que el vendedor no hace un seguimiento adecuado, pero para sintetizar, creo que las tres principales son:

- **No querer molestar al cliente potencial**: tenemos miedo, miedo al no principalmente, del cual hemos hablado ya otras veces, miedo a hacerlo mal, a que por el hecho de hacer seguimiento nos descarten o piensen que somos unos pesados. Aquí, aparte de la mentalidad, motivación y conocimiento necesario, es donde se requiere más el espíritu mencionado arriba, sintiendo que estamos aportando un valor real al cliente, y que por ello mismo, dicho seguimiento no sea considerado una molestia, sino una ayuda para la decisión y valoración de nuestra propuesta por parte del cliente.

- **No tener tiempo para hacer seguimiento**: muy en relación con el tercer punto, pero no siempre en conjunto, el día a día nos come, apagando fuegos, mensajes sin responder, ocupados en propuestas, en búsqueda de nuevos clientes, en tareas administrativas, en viajes, y en un sinfín de tareas entre las que el seguimiento se diluye. Al respecto, mi humilde aportación en el Pensamiento "Cómo Gestionar Mejor tu Tiempo". Si bien, aunque sigas los mil y un consejos que puedas encontrar en internet, no te servirán de nada si primero no le das la importancia que tiene el seguimiento en tu actividad y rutina. Tienes que convertir el seguimiento en eje principal de tu estrategia y darle por ello el tiempo necesario.

- **Falta de organización**: lo hemos dicho muchas veces, sin proceso no hay venta, la venta es un proceso y necesitas uno. Muchas veces es un defecto de la propia empresa, que carece de un sistema de organización eficaz, como puede ser el implementar un CRM, que ayude a identificar los hitos de seguimiento y a qué clientes merece la pena seguir. Planear y automatizar tareas de seguimiento, ya sea con la ayuda de un CRM o sin él, debiera ser también parte fundamental de cualquier estrategia de ventas, tanto para el vendedor individual como para la empresa.

En cualquier caso y situación, siempre sin olvidarnos que es preferible que debemos ser los vendedores los que fijemos los hitos de seguimiento con el cliente en la primera visita, llevando la iniciativa del proceso y no dejando solo al cliente en su decisión de compra, estableciendo por lo tanto las fechas y los siguientes pasos a seguir, ofreciendo nuestro acompañamiento en dicho proceso.

177

Y si no lo has hecho, o lo has olvidado, siempre puedes utilizar un email de agradecimiento para ello, por ejemplo, que te sirva también para definir los siguientes pasos del seguimiento (Véase el Pensamiento 38).

En definitiva, haz tu seguimiento sin miedo, dedicándole el tiempo necesario y de forma planeada, organizada y sistemática.

Ya sabes, si no estás cerca de tus clientes, otros lo estarán...

48. El Mejor Producto del Mundo

¿Tú te lo crees?

El caso es que todos dicen ser el mejor.

¿Pero el mejor para qué?

¿Para quién?

¿Por qué?

No eres el mejor, ni el más guapo.

No solo hay que saber lo bueno de tu producto.

También es necesario conocer qué problemas no resuelve.

Muchos equipos de ventas adolecen de esto, y acaban exagerando las capacidades de su producto o servicio.

Si no lo hace, no lo hace.

Eres el mejor para algunos clientes. Para otros lo será tu competencia.

Pero en cualquier caso, no eres tú quién tiene que decir que eres el mejor.

Lo tienen que decir tus clientes.

Tú no.

Ellos.

Y si así es, no pierdas la oportunidad de mostrar a otros clientes potenciales el por qué piensan tus actuales clientes que eres la mejor opción.

Lo bueno.

Y también lo menos bueno.

Hasta donde llegas.

Y hasta donde no.

Recuerda, después de la primera mentira, todo es desconfianza.

49. ¿Estás Anestesiando a tus Clientes?

Se habla mucho de los puntos de dolor ("pain points") de los clientes y de usarlos para vender.

Pero mucho me temo que muchas veces no se tratan convenientemente por parte del vendedor.

El cual, a la menor señal o avistamiento de un dolor, le aplican o "colocan" inmediatamente su producto o anestesia.

Pero ello no resuelve muchas veces el problema.

Al igual que si vas al médico con un dolor de cabeza y te receta una aspirina, no significa que resuelva el origen del dolor, sino que solo tratas los síntomas.

Hay que ir más allá y buscar la causa de tal problema.

Buscar el porqué de ese dolor para poder ayudar realmente al cliente.

Y no solo aplicar recetas temporales.

También, por otro lado, hay que diferenciar lo que son puntos de dolor personales y lo que son problemas empresariales, que provienen de necesidades distintas, conducen a motivaciones también distintas y llevan a soluciones distintas a la hora de aplicar tu producto o servicio.

En cualquier caso, no anestesies a tu cliente e intenta diagnosticar realmente la raíz de los puntos de dolor que identifiques.

Mi humilde consejo.

Y hablando de doctores, te pregunto: ¿Eres un Doctor de las Ventas?

"Si dejamos al paciente hablar y le escuchamos, nos dirá la enfermedad que padece" (Dr. Gregorio Marañón)

Esta cita del famoso Dr. Marañon la vi precisamente en la consulta de un médico.

Por supuesto, me llamó mucho la atención.

Y es que tiene mucha relación con los vendedores y las ventas.

Ya que un médico profesional no receta una medicina si antes no ha escuchado al paciente, si no ha hecho pruebas que confirmen el problema, o si piensa realmente en ayudar a sus pacientes.

Similarmente, antes de hablar y tratar de vender tenemos que escuchar lo que nos quiere decir el cliente.

Seguramente nos dará una información muy valiosa con la que podremos trabajar, diagnosticar el problema y la posible solución/tratamiento.

Incluso puede que sea necesario hacer algunas pruebas antes, con preguntas dirigidas o datos al respecto, para confirmar sus necesidades y problemas.

Y por eso mismo, hay vendedores con mejores resultados que otros, hay vendedores buenos y amateurs, igual que hay médicos buenos y no tan buenos...

¿Realmente quieres que tu producto resuelva los problemas del cliente?

Si la respuesta es sí, hay que partir del cliente a la solución y no al revés.

O eso, o expedir a todos los clientes/pacientes la misma receta y discurso prefabricado sin escuchar, averiguar y confirmar su problema primero.

Puedes ser un doctor de las ventas o puedes ser un vendedor matasanos o mataclientes...

Tú eliges.

50. ¿Sabes Cuál es tu Negocio Realmente?

Muchos vendedores están obsesionados con su producto o servicio, pero no se preocupan de entender qué es lo que realmente compran sus clientes.

Recuerda la clásica frase de que al cliente no le interesa comprar el producto en sí, sino el beneficio que les reporta, las soluciones a sus problemas.

Al respecto, el fundador de Revlon, Charles Revlon, entendió perfectamente que no vendía frascos de perfume al decir:

"En las fábricas hacemos perfume, pero en las tiendas vendemos esperanza".

(¡Bam!, momento "ahá"…)

Ya ves, incluso las empresas que venden productos tangibles, en realidad están vendiendo intangibles.

Hazte la pregunta: ¿Por qué el cliente compra tu producto o servicio?

Piensa principalmente en los beneficios para las personas que toman las decisiones de compra.

….

….

….

¿Ya?, bien.

Cuando hayas respondido la anterior, ahora hazte otra: ¿Por qué es importante?

Para ellos.

No para ti.

….

….

….

Así hasta que entiendas el "corazón" de lo que realmente estás vendiendo.

Si te tomas el tiempo para entender estas cosas, lo que la gente quiere, desea y necesita, entonces puedes usarlas en tu forma de vender tu producto o servicio.

Esto es de sentido común.

Pero ya sabes que el sentido común no es tan común.

Y tú… ¿Ya sabes lo que vendes realmente en tu negocio?

51. El Sabio de las Ruedas

Hoy una historia corta, pero con mucho valor para cualquier negocio y para todos los emprendedores:

Tenía que cambiar las ruedas del coche y fui a un taller especializado en neumáticos.

Solía estar siempre lleno, pero de alguna manera el encargado, que era también el primero en colocar ruedas y mancharse, conseguía atender a todos los que llegaban.

No hacía esperar a ningún cliente más de la cuenta sin ser atendido.

Y no dejaba que se escapase ningún cliente.

Recuerdo ahora la de veces que me he ido de una tienda o establecimiento por que han tardado más de la cuenta en atenderme o porque me hacían sentir que yo parecía invisible.

¿Recuerdan aquello de la experiencia del cliente?

Pues eso.

El caso es que yo dudaba entre dos marcas distintas de neumáticos y le pedí consejo.

Me atendió perfectamente y resolvió todas mis dudas; se notaba que sabía de lo que hablaba y consiguió transmitirme confianza en su experiencia.

Al final, hablando de la durabilidad de cada modelo, le dije que confiaba en su opinión para elegir finalmente el que él había recomendado, a lo que me respondió:

"Bueno, el secreto de esto está en que vuelvan…"

Y que, por ende, no tenía sentido engañarme.

Sonreí.

Y es que hay grandes vendedores en todos sitios.

Solo es cuestión de fijarse y entender por qué su negocio tiene éxito.

El sabio de las ruedas lo tenía claro. ¿Y tú, lector…?

52. Incluso las Grandes Empresas Cometen este Error

Hace poco recibí un email promocional de Amazon.

Compañía muy reconocida por hacer generalmente un buen marketing y un muy cuidado servicio al cliente.

Pero incluso hasta ellos a veces cometen errores, de los cuales podemos también aprender.

Al lío.

El mail era para animarme a poner anuncios de Amazon Ads, que a veces he utilizado, con ocasión de su promoción de Prime Day.

Bien, vale, y la primera pregunta que me hice fue: ¿Y cuándo es el tal Prime Day?…

Pues nada.

No ponía cuando era.

Ni en el mail promocional, ni en el enlace donde destacaban las ventajas de anunciarse durante tal Prime Day.

Es decir, suponían que tal evento es tan "famoso" que todo el mundo debía conocer la fecha.

Pues no, no lo sabía. Y luego resulta que buscándolo por mi cuenta no es un día solo, sino dos días de ofertas.

Pero ellos presuponen que sus clientes tienen que saberlo.

O si no, que lo busquen.

Toma experiencia de cliente.

Ni que decir tiene que tal mail promocional no tuvo mucho efecto, no me animó y menos cuando no aprovechaban el hecho de poner la fecha (inminente) para potenciar la necesidad de urgencia a actuar o contratar.

No hay que presuponer que tu cliente tiene información básica que pueden no tener.

No hay que suponer que tu cliente conoce lo que hace tu producto en general, o tu servicio. O cuándo es determinado evento.

Incluso muchas veces pasa que tu cliente consume un producto similar, pero no llega a reconocer tu producto como alternativa a dicho producto, precisamente por no explicarlo, por presuponer que tu cliente sabe lo que no sabe.

Pasa en todos los ámbitos de la venta. Tanto en B2C como en B2B.

También en llamadas telefónicas, en visitas a clientes, en mails, en anuncios, promociones, etc.

Tendemos a presuponer que el cliente "debe" conocer detalles fundamentales de tu empresa, de tu producto, de tu servicio, y/o de lo que puede hacer por él dicha oferta.

Back to basics, de nuevo.

No presuponer.

Y dar la información lo más detallada posible.

O preguntar en el caso de reuniones y conversaciones con el cliente.

Preguntar para aclarar esos puntos oscuros de desconocimiento del cliente sobre nuestra propuesta.

Si no lo haces, perderás ventas.

Si no preguntas, posiblemente el cliente piense que tu producto no es para él.

Si supones que conoce a fondo tu producto, posiblemente perderás la oportunidad de descubrir la necesidad del mismo.

No hay que dar por supuesto nada. Incluso detalles pequeños, como la fecha de una promoción en este caso, pueden suponer una gran diferencia en tu propuesta.

A veces son características básicas de un producto, que creemos el cliente ya conoce.

O condiciones de servicio, garantías, plazos, etc. que damos por supuesto el cliente debe conocer por ser, por ejemplo, típicas del sector.

O formas de pago.

O ventajas, que damos por supuesto, las obviamos, y no las resaltamos.

En definitiva, no presupongas. Y pónselo fácil a tu cliente.

Sencillo, ¿verdad?

Incluso las grandes compañías cometen este error muchas veces.

Tu cliente no lo sabe todo sobre ti.

Ni aunque seas Amazon.

Y como no lo eres, ya sabes…

53. La Primera Impresión no lo es Todo

Se habla mucho de la importancia de la primera impresión en ventas.

Sin quitarle dicha importancia, es necesario recordar que en el cada vez más complejo mundo de las ventas B2B, donde las operaciones son a largo plazo e involucran a muchas personas en la toma de decisiones, también importa mucho la segunda impresión, y la tercera, y las siguientes…

Vender es un proceso, y esa primera impresión **hay que consolidarla y demostrarla en todos y cada uno de los siguientes pasos**, con nuestras palabras, actos, promesas y compromisos.

Sobre todo cuando los segundos encuentros y subsiguientes suelen ser los de proponer soluciones a los problemas y necesidades detectados en el primer encuentro.

Es necesario generar la confianza y consolidarla con cada visita y ocasión.

Puedes conseguir una gran primera impresión y perderla todo en la segunda.

Y al contrario.

La imagen inicial puede cambiar a lo largo del tiempo.

Por ejemplo, y haciendo una analogía con este clásico del cine: ¿quién no recuerda la película Grease?

Olivia Newton-John y John Travolta tenían una gran impresión inicial uno del otro, con la historia de amor entre los dos al principio de la película, ese romántico amor de verano, en la playa... una primera impresión ideal.

Pero luego Danny la caga... (con perdón) en la segunda impresión, en la vuelta a la escuela Rydell.

Y tiene que trabajarse las siguientes, volver a enamorar a Sandy en cada ocasión, generar de nuevo la confianza y la imagen que tienen uno del otro.

Todas las ocasiones son importantes. Distintas. Y los actos e impresiones suman y restan en todas.

A fin de cuentas, no te casas con la novia el primer día que la conoces.

Lo mismo pasa con los clientes.

Y tú...

¿Solo intentas enamorar a tus clientes en tu primera cita?...

¿Solo en la primera?

¿Solo?

Pues eso.

54. El Camino Fácil del Descuento

Hoy otra historia para reflexionar.

Aunque ya es algo que hemos dicho muchas veces. Pero conviene recordarlo.

Observo a un matrimonio en una tienda de electrodomésticos. Y a un vendedor atendiéndoles (no me atrevería a decir que ayudándoles) para decidir sobre un modelo específico de aparato.

Al final hay un modelo que les gustaba más, y claramente, o eso me pareció a mí, estaban convencidos de comprarlo.

O casi.

El artículo tenía su precio indicado. Pero ellos no habían puesto ninguna objeción al precio, más bien sus últimas dudas iban sobre la adecuación final de lo que buscaban.

Y de repente, ante mi sorpresa, el vendedor les dice:

"Miren, sobre ese precio les hago un 20% de descuento".

No era época de rebajas, ni dicho descuento estaba indicado en ningún sitio.

El vendedor simplemente se lo sacó de la manga para darles el "empujón" final a comprar.

Pero claro, en esa situación a uno siempre se le queda la misma cara de tonto.

Es decir, si ellos no hubieran dudado, y hubieran comprado de primeras, suponen entonces que no les habrían ofrecido ningún descuento.

Y entonces cualquiera de nosotros pensamos que el precio estaba realmente inflado.

Ante ello, y lógicamente, acabaron por no comprar.

"Nos lo pensaremos", dijeron.

Y se fueron.

Y en cualquier caso, si hubieran comprado, el vendedor se habría dejado dinero sobre la mesa… Pues podría habérselo vendido sin ofrecer descuento, "empujando" en otra dirección.

Sobre todo en la dirección de sus necesidades, resaltando los beneficios y diferenciales del producto frente a otras alternativas (Valor vs. Precio)

Sin necesidad de crear esa desconfianza, innecesaria, con un descuento inesperado y no pedido.

Y defendiendo el precio, si es que era justo. Pero si no lo era, y estaba simplemente inflado para tener margen de un descuento de última hora… eso va en contra de la transparencia de precios que exige el cliente.

Así pues, vendedores, si algo tiene descuento de por sí, que se sepa de primeras.

Al final, solo genera desconfianza.

Y pérdida de ventas.

En B2C esta historia es un ejemplo, y está claro.

Ahora bien, en B2B, donde a veces suele haber un proceso de negociación, las cartas se pueden jugar de otra manera, como ya comentamos en el Pensamiento "¿Escondes tu precio a tus clientes?"

En definitiva, el camino fácil del descuento no suele ser el camino correcto.

¡Piensa primero en otros caminos!

55. 12 Errores en la Prospección de Clientes

Una mala gestión del proceso de prospección se traduce en una mala gestión de todo el proceso de ventas.

En ese sentido, es muy importante que los vendedores y empresas concentren su tiempo y recursos en oportunidades que realmente lo son, en aquellas que tienen más posibilidad de prosperar.

Para ello, y entre otros muchos, aquí tienes **algunos errores a evitar en esta importante fase**:

1. Creer que todos los clientes potenciales tienen la misma necesidad. Cada cliente es diferente, con distintas necesidades, motivaciones y deseos (averígualos y personaliza)
2. Intentar vender mientras prospectas. Estás explorando posibilidades, es demasiado pronto para intentar vender.
3. Utilizar siempre el mismo criterio de prospección. Hay que adaptar el proceso para cada tipo de prospecto y mercado (no todo es BANT) Ver también: Método CIMAP
4. Perder tiempo y recursos en oportunidades que realmente no lo son. Es mejor menos prospectos pero de calidad (no se trata de cantidad de visitas) O dicho de otra forma, busca el no antes que el sí.
5. Creer que prospectar es solo tarea de Marketing. El departamento de ventas debe prospectar de forma proactiva.
6. Centrarse demasiado en tu compañía y producto. No se

trata de ti, se trata de ellos. Lo importante son sus necesidades y problemas, no tu producto.

7. Utilizar solo una herramienta (solo email, solo teléfono, solo redes sociales, etc.) Usa todos los posibles canales en tu proceso de prospección.

8. Falta de seguimiento, y no tener un plan de cómo hacerlo. Usa un buen CRM para la consistencia y seguimiento apropiado de cada prospecto.

9. No darle su importancia y prioridad. Prospectar debe ser un hábito regular, ¡no solo cuando van mal las ventas!

10. Falta de motivación. Es necesaria una actitud positiva y entender las consecuencias que tiene prospectar para vender más.

11. No aportar valor y confianza al cliente potencial desde el principio. ¡Es imprescindible querer ayudar!

12. No formarse. Los clientes y el mercado cambian, debes adaptarte y formarte continuamente.

Espero que esta lista te sea de utilidad, si y solo si la chequeas y eres sincero contigo mismo.

56. Lecciones de Ventas de los Mercadillos

¿Os gustan los mercadillos callejeros?

A mí me encantan, por la variedad de productos, ofertas, jaleo, colores, olores, gritos y variedad de fauna, y también por una cierta reminiscencia a pasado nostálgico, harto que está ya uno de las grandes superficies.

Si te fijas bien, a veces encuentras también grandes vendedores, como así me he encontrado en su día en los bazares de Estambul, el Cairo y otros.

Pero también te encuentras lo contrario…

Por ejemplo, hace unos días en un mercadillo, ese vendedor que me decía:

— ¡Mira, toallas a 5 euros!

Yo miré a mi derecha, indicándole sin palabras que el departamento de "logística toalleril" lo lleva mi pareja…

Pero no lo cogió.

— ¡Pero mira, que son solo a 5!

Y volví a mirar a la derecha.

Pero él siguió insistiendo, intentando venderme, que si para el baño, que para la playa…

Y no lo entendía…

Aparte de ser ésta una situación típica en B2C, en realidad les pasa también a muchos vendedores B2B, que insisten con el prospecto no adecuado y no intentan averiguar quiénes tienen la decisión de compra, independientemente de posibles influenciadores y movilizadores internos.

Al respecto, el de Autoridad es uno de los criterios del método de cualificación de prospectos BANT.

Pero como hablaremos en el siguiente Pensamiento, no siempre es suficiente.

57. Método CIMAP para Cualificar Prospectos B2B – un Paso antes del BANT

Es importante que los vendedores concentren su tiempo y recursos en oportunidades que realmente lo son, en aquellas que tienen más posibilidad de prosperar.

Eso significa ser selectivo y cualificar a los clientes potenciales. En caso contrario puedes tener un gran embudo de ventas, lleno de "leads cualificados", pero estar perdiendo tiempo y esfuerzo al dirigirte a prospectos equivocados con ofertas que no se pueden cerrar o que si se cierran no generan más que problemas. Sería un embudo atascado.

Es necesario calificar correctamente para incrementar las tasas de conversión. Lo ideal es que el vendedor trabaje solamente con compradores genuinos.

Una mala gestión del proceso de calificación de prospectos o clientes potenciales se traduce en una mala gestión de todo el proceso de ventas.

Así pues, la calificación de prospectos es el proceso de determinar si un cliente potencial es adecuado para nuestro producto o servicio.

El BANT es uno de los criterios de calificación de prospectos B2B más extendido y conocido, utilizado para identificar y seleccionar los mejores prospectos en función de su **presupuesto, autoridad, necesidades y marco temporal**.

Para conocer más sobre el BANT y cómo ir un paso más allá, te lo cuento en el capítulo 7 de 51 Consejos de Ventas.

Pero el BANT no es suficiente… (Crítica al BANT)

Por lo menos no en muchos casos de ventas complejas B2B de alto valor.

Y particularmente, donde la necesidad del cliente es real pero incipiente o no está definida, la aplicación rígida de BANT como calificador de la etapa inicial hará que se eliminen o abandonen oportunidades justo cuando se tiene la mayor posibilidad de influir en el pensamiento del prospecto.

Rechazar un proyecto potencial simplemente porque no existe un presupuesto formal resultará en la descalificación prematura de algunas oportunidades prometedoras.

¿Y que pasa por ejemplo si lo que intentas vender es una tecnología disruptiva en un nuevo mercado? No puede haber necesidad, ni presupuesto, ni ningún plan al respecto.

Igualmente, es también frecuente la existencia de leads de especificadores. Por ejemplo un ingeniero de diseño, que puede estar estudiando la viabilidad de una nueva aplicación o producto en la que tu producto puede tener cabida y que, aunque tiene necesidad actual, no existe ni autoridad de compra, ni presupuesto y el plazo es indefinido. No cumpliría el criterio BANT y sin embargo es muy importante ayudarle, puesto que puede introducir tu producto en especificaciones futuras, y sin su recomendación nunca recibiríamos una oportunidad real de esa empresa. De hecho, muchas veces participan en elaborar listas de proveedores autorizados en las que debemos estar.

En este sentido, no se puede tomar el criterio BANT al pie de la letra.

El compromiso temprano es crítico para el éxito de las ventas, mucho antes de que una oportunidad pueda ser descrita como "calificada por BANT".

Porque puede pasar que para cuando puedas marcar todas las casillas de BANT, tu prospecto probablemente ya esté muy avanzado en su proceso de decisión de compra. Ya han determinado su necesidad y probablemente ya tengan algunas opiniones claras sobre cómo resolver su problema. <u>Ya otro vendedor puede estar en todas sus especificaciones.</u>

Y tu capacidad para influir en su decisión puede ser mínima.

Probablemente si ya tienen presupuesto asignado y un plazo temporal, puede pasar que lleguemos tarde a la fiesta...

Si han entendido las ventajas del cambio, si han reunido su equipo de toma de decisiones y establecido sus requisitos/especificaciones/sus criterios y proceso de decisión, típicamente documentado luego por la emisión de un documento de licitación o RFP/RFQ (Solicitud de Propuesta/Solicitud de Presupuesto)

Para entonces, es inevitable que las huellas de un competidor estén en todas sus especificaciones, y suponiendo que tú no tengas un margen muy significativo de precio y mucha confianza del cliente hacia tu solución: **no soplaremos las velas de la tarta (aunque estemos invitados a la fiesta...)**

Las posibilidades de ganar la venta en estas circunstancias son pocas.

En la mayoría de los casos no está justificado invertir valiosos recursos de ventas en responder este tipo de peticiones de oferta y propuestas.

Es típico por ejemplo que muchos vendedores B2B responden a RFP/RFQ inesperadas, con la esperanza de que puedan tener suerte y ganar.

Pero la verdad es que ya hay otro proveedor en la primera posición y todos los demás ofertantes desafortunados suelen estar allí sólo para completar los números o satisfacer un requisito de procedimiento de compra (que puede ser el de tener como mínimo 3 ofertas, o 5 u ocho…)

La situación podría ser muy diferente si los vendedores se hubieran comprometido con éxito con el prospecto en una fase temprana, hubieran logrado influir en los requisitos de los clientes y estuvieran esperando la solicitud de propuestas.

Es decir, el objetivo es convertir estas peticiones de ofertas o RFQ inesperadas en esperadas.

El BANT todavía tiene su lugar en los mercados establecidos donde el cliente sabe qué tipo de solución necesita comprar y establece un presupuesto formal para adquirirla. Pero si usted está tratando de vender una solución a un problema que su prospecto tal vez ni siquiera reconozca que tiene, no ha pensado en financiarla o no ha identificado ya su enfoque como una solución potencial, entonces estamos hablando de otro caso que el BANT no cubre.

Así pues y tras esta crítica al BANT, en el sentido que en muchos casos no es suficiente, vamos a plantear otra forma de calificar que tiene en cuenta **sobre todo el intentar situarnos ANTES del BANT.**

METODO CIMAP

C-Cuestión Crítica

I- Impacto

M-Movilizador

A-Ajuste

P-Prisa/Urgencia

Los vendedores tienen que crear el BANT, y no esperar a que se les sirva en bandeja.

Como hemos dicho, en el momento en que el presupuesto, la autoridad, la necesidad y el plazo se han establecido, es muy probable que las huellas de otro vendedor estén por todo el posible trato.

Supongamos una imaginaria línea temporal de decisión de compra del cliente que, aunque los procesos de compra hoy no sean lineales y sean más complejos, nos vale para simplificar. Donde lo que hemos comentado, la situación del BANT, puede estar en un imaginario punto medio.

Nuestro punto de interés es situarnos mucho antes de ese punto, centrar nuestros esfuerzos en involucrar a las personas adecuadas en la organización tan pronto como sea posible en su viaje de decisión, y que como consecuencia de todo ello, seamos nosotros los especificados o preferidos en las futuras Peticiones de Oferta o Propuesta (RFQ/RFP)

Y para ello tenemos que analizar los siguientes CRITERIOS, que conforman el Método CIMAP:

Cuestión crítica

¿Existe una cuestión crítica que podría tener un gran efecto en su negocio? ¿Que podría llegar a ser un problema? ¿Convertirse en una necesidad? ¿Que justifique una actuación?

Como hemos comentado anteriormente, no siempre hay una necesidad manifiesta o identificada, por lo que es necesario identificar aquellas Cuestiones Críticas que podrían convertirse en problemas y necesidades.

Impacto

¿El coste de no hacer nada es alto? ¿El prospecto reconoce que el costo y el riesgo de no hacer nada es mayor que el de implementar una nueva solución? ¿Existe una razón (ROI) para moverse? ¿Riesgos futuros? ¿Son capaces de vivir con su status quo? (y si es así, es improbable que tomen alguna decisión y lo mejor es descalificar)

Nota: La I también podía ser interés, interés por los riesgos futuros, en definitiva una razón para moverse.

No es suficiente que tu prospecto esté de acuerdo en que existe una necesidad. También necesitan reconocer que no tratar el tema tendrá un Impacto medible en su organización en términos de reducción de ingresos, aumento de costos, o aumento de ventas. Si no podemos conseguir que el prospecto calcule y acepte el impacto negativo de no hacer nada, es mejor descalificar.

Si la cuestión es relativamente nueva, hay que ayudarles a comprender el impacto potencial. Si el tema ha sido obvio para ellos durante un tiempo, hay que averiguar por qué no lo han tratado antes, y qué ha cambiado para elevar su importancia ahora.

En realidad este criterio está muy relacionado con el Presupuesto del BANT, en el sentido de que si el Impacto es lo suficientemente grande, si con capaces de ver el ROI, el presupuesto aparecerá, ya que ese ROI potencial merece que Inviertan en tu solución.

Movilizador

¿Estamos en contacto directo con un movilizador dentro de la empresa que reconoce la necesidad de abordar la cuestión? ¿y tiene acceso al grupo/mandos de decisión? ¿o es parte de los que deciden?

En el BANT necesitábamos al "decision maker", pero aquí el criterio no es tan estricto. Hoy en día es normal que la decisión final no la tome solo una persona, sino un equipo, un grupo de compra de varias personas (de media, hasta más de 5 personas)

El prospecto puede no tener poder de decisión, pero ser un "influencer", un recomendador o especificador que puede apoyar nuestra causa dentro de la empresa u organización, recomendando o especificando nuestro producto en otros departamentos o a otras instancias superiores. Por lo tanto no hay nunca que desdeñarlo, desacreditarlo o perder nuestro interés con él por el hecho de que no tenga el poder absoluto para la compra.

De hecho en ventas B2B complejas es imprescindible contar con un empleado interno ("champion" o "movilizador") que realmente promueva el cambio en dicha organización, que nos ayude a determinar a quién o a quienes hay que llegar en la estructura de dicha empresa y sobre todo que nos ayude a cómo influenciarles y ponerles de acuerdo.

Ajuste

¿Hay ajuste de nuestra propuesta/solución a su cuestión (y futuro problema)? ¿Nuestra oferta resuelve la cuestión identificada mejor que cualquier otra opción? ¿Nuestra posición es competitiva? ¿Tu propuesta de valor es solida? ¿EXISTE UN AJUSTE IDEAL?

Sin ajuste, hay un riesgo real de que simplemente estemos ayudando a otro competidor a defender dicho cambio ¡Estaríamos trabajando para la competencia!

Ojo: La competencia no siempre es externa, la competencia puede ser "no hacer nada" si la cuestión no es lo suficientemente grande como para causar un impacto y garantizar la búsqueda de una solución.

Prisa (Prioridad/Urgencia)

¿Hay una necesidad clara de actuar cuanto antes? ¿Crecen con el tiempo los costos/riesgos asociados a no abordar el tema? ¿Pueden permitirse el esperar?

Sin impacto y sin prisa, incluso si se cuenta con la recomendación del grupo de decisión, existe una posibilidad real y obvia de que el prospecto simplemente decida mantenerse en el status quo.

Si pueden permitirse el esperar, ese punto de descalificación puede mover la oportunidad a retomar el contacto en unos meses.

En definitiva, con el Método CIMAP nos **centramos de alguna manera en la generación de demanda.**

Este modelo de calificación tiene más posibilidades de descubrir oportunidades con más probabilidad de éxito.

Y también, al involucrarnos en una etapa más temprana en el proceso de toma de decisiones del prospecto, se pueden cerrar las ventas mucho más rápido y con márgenes o precios mucho más altas que si esperamos al BANT.

Al final utilizar un método u otro dependerá del ajuste al tipo de producto/servicio de cada empresa, y sobre todo de definir los criterios "go/no go" que bien podrían ser por ejemplo como un semáforo, rojo, amarillo y verde (o negro cuando no hay respuesta a ninguno de los criterios) y al final cualificar o no si poner tiempo y esfuerzo en dicha oportunidad en base a la suma de esos criterios.

No dejes que tus vendedores demanden sólo clientes potenciales calificados por BANT.

Es preferible desarrollar los requisitos, las especificaciones, desarrollar el caso económico para el cambio y ser el invitado principal de la fiesta…Y como hemos dicho, <u>convertir esas peticiones de oferta inesperadas en esperadas.</u>

El método CIMAP es una adaptación de los muchos métodos que existen, cada cual más o menos adaptado al tipo de industria, como ANUM, CHAMP, MEDDIC, IFISU, GPCT, NOTE, etc. si bien el más extendido ha sido siempre el BANT.

Pero da igual el acrónimo que uno se quiera inventar, ya sea uno "amigable" para los vendedores, fácil de recordar o no, lo importante es el cambio de mentalidad del que hemos hablado. Si resulta que tus clientes potenciales no avanzan en tu embudo, quizás sea el momento de cambiar tu enfoque actual.

En cualquier caso, recuerda que cualquier calificación es mejor que ninguna.

58. Una Idea de Prospección poco usada

Hoy toca una pequeña idea, que a lo mejor para algunos puede ser una gran idea.

Depende de si existe o no esta posibilidad en vuestro mercado B2B.

Generalmente, buscamos clientes finales en nuestro proceso de prospección. Vamos directo al grano. Lo cual suele ser generalmente una tarea ardua y costosa.

Pero también se puede dar un rodeo.

Nos olvidamos que ese mismo proceso lo han seguido ya otras empresas.

Me refiero a las que no son competencia directa tuya.

Sino aquellas que tienen productos complementarios a los tuyos y que en definitiva apuntan a los mismos clientes que tú.

Lo más probable es que incluso hayan gastado mucho tiempo y dinero en crear esa red de clientes. Red que tú ahora deseas y que puedes aprovechar.

Así pues, busca asociarte a ellos como una forma de hacer crecer tu negocio.

Si no sabes con quién, estudia las necesidades de tus clientes y donde suelen comprar y detecta posibles "partners", empresas de negocios complementarios, pero no competitivos contigo, que pueden ser una estupenda fuente de clientes potenciales.

Si bien, ya sabes, esto suele ser un win-win, y por lo mismo, tú también puedes ser fuente de clientes para ellos.

En definitiva, algo a pensar, y trabajar con propuestas de colaboración concretas a dichas empresas.

¡Busca quién tiene a tus clientes antes que tú!

59. El Importante Papel de los Distribuidores

El tener que lidiar a través de una red de distribuidores, ya sean locales, nacionales o internacionales, es un panorama muy común entre los fabricantes de un producto. Lo mismo se puede aplicar a una red de comerciales que no dependen de ti.

El problema es que estás lidiando con un representante, no con el usuario o cliente final, y ese es TU CANAL, el cual debes intentar gestionar lo mejor posible.

Así pues, vender a través de un equipo o de una organización que no está directamente bajo tu control presenta problemas especiales y supone un gran reto.

Al respecto, el papel que ejercen los intermediarios/distribuidores en dicha distribución puede tener muchas ventajas para el fabricante, como entre otros:

- Son tu fuerza de venta local. Sin ellos, tu esfuerzo para estar comercialmente presente en ese mercado sería mayor.
- Se ocupan de la financiación con tus clientes; pueden pagar al fabricante antes de que los productos sean realmente vendidos, al mismo tiempo que pueden financiar la venta a tus clientes finales, asumiendo el consecuente riesgo de impago.
- Se ocupan de la logística, desde el almacenamiento (incluyendo refrigeración cuando es necesaria), el transporte y la entrega del mismo a los clientes finales (o a otros minoristas si es el caso), así como de cumplir con los papeleos y requerimientos locales de dicho mercado en el caso de distribuidores internacionales.
- El intermediario puede acumular y vender productos de varios productores/fabricantes de dicho nicho de mercado, creando un stock suficiente para satisfacer la demanda global allí, siendo algo que los productores no podrían hacer de forma independiente.
- Pueden también agregar otros valores asociados, como trainings de producto, servicio postventa local, garantías, etc.
- Hablan el idioma local de dicho mercado cuando no coincide con el tuyo.
- Pueden abrirte puertas de clientes clave locales en los que ya ellos tienen presencia, influencia o confianza.

En ese sentido no son ni malos ni imprescindibles.

Los fabricantes deben analizar las capacidades y las características de la potencial empresa distribuidora, de su mercado y de su modelo de venta para saber si es positivo contar con intermediarios o si es mejor realizar la distribución de primera mano, obteniendo el máximo control sobre todo el proceso de venta.

La pregunta clave es si el distribuidor agrega valor al cliente final o no.

Eso dependerá de cada mercado y de si los compradores finales, sobre todo en el caso de B2B, realmente aprecian usar ese canal.

Si el distribuidor no es capaz de entregar una experiencia del cliente final superior, con su servicio, su apoyo, su asesoría, su acompañamiento, haciéndole la gestión de sus pedidos más fáciles (no necesariamente menos costosas), una agilidad y eficiencia operativa, un servicio postventa superior, etc., entonces el cliente posiblemente preferirá tratar directamente con el fabricante.

Los compradores finales quieren socios confiables y por lo tanto tiene que haber un compromiso con lo que ocurre después de la venta. Un interés continuado en el éxito del cliente cuando se implanta la solución.

Hablamos de compromiso a largo plazo.

El problema es que los distribuidores son también propensos a abandonar o cambiar (por tu competencia generalmente) sus vínculos comerciales.

Para evitarlo el fabricante debe tratar a los distribuidores locales como socios a largo plazo, no como vehículos temporales de entrada al mercado.

Buscar el beneficio para ambas partes, proporcionando incentivos, ya sea por la adquisición de nuevos clientes, ventas de nuevos productos, mejora de la marca e imagen del distribuidor en su mercado o cualquier otra forma, para que el distribuidor de la empresa global que entra en un mercado local desee llevar a cabo una relación a largo plazo.

Para ello, la comunicación empresa y distribuidor es fundamental, junto con el apoyo que necesitan en todas las oportunidades de negocio por parte del fabricante.

En definitiva, el papel de los intermediarios y la elección del distribuidor deben ser analizados con precaución.

En mi experiencia con distribuidores internacionales, considero que hay tres arquetipos de representantes. Por supuesto puede haber muchos niveles intermedios entre ellos, pero éstos serían los más típicos:

1) **El Tomador de pedidos ("order-takers")**, que se enfocan en entregar transacciones rápidas y sin fricciones. Al respecto, la existencia de muchas "Trading Companies", que no suelen aportar un valor adicional al cliente final, pues muchas veces se convierten en supermercados de marcas, no apostando por ninguna en particular. Es más, a veces suelen tener interés en contar con tu marca para prevenir simplemente que otros competidores locales la tengan.

2) **El "abre puertas"**, que conoce localmente las barreras de ciertas empresas finales, conoce desde dentro su organización y sabe qué puertas, qué contactos tocar, cómo funcionan para comprar, etc., ayudando a conseguir el cambio de proveedor en esa organización.

Pero luego el trabajo de venta real suele recaer con más peso en el fabricante. En definitiva, el representante facilita la reunión con el tomador de decisión, pero no suele aportar la parte esencial para la decisión final. Son interesantes para entrar en clientes clave de ese mercado, si bien también tienen sus limitaciones para poder crecer en el mismo.

3) **El Consultor**, es el vendedor de alto desempeño, el más apto para comprender las necesidades del cliente final, explicar los productos y servicios ofrecidos, y ayudar a los clientes a decidir, a conseguir el apoyo de los recomendadores internos, así como el presupuesto para hacer las compras. No dependen en tanta medida del fabricante para llegar a acuerdos satisfactorios con el cliente final.

A la hora de entrar en un mercado nuevo, desconocido, puede ser interesante usar a los primeros o a los segundos, pero a la larga lo interesante es trabajar sobre todo con el tercero. Y si no se encuentra, hay que estudiar la posibilidad de educar y entrenar a alguno de los dos primeros para que puedan convertirse en auténticos consultores de la marca del fabricante.

Volvemos al principio. Se trata de buscar quién puede aportar valor y quién no, para poder desarrollar realmente el mercado y crear una base de clientes satisfechos, más allá de operaciones puntuales por muy grande que éstas puedan ser.

Ahora bien, en todos los casos son siempre necesarios una serie de consejos para que la gestión de distribuidores sea exitosa.

Pero eso será en el siguiente Pensamiento Vendedor.

Mientras tanto, te dejo con la idea que no siempre el que parece puede ser el distribuidor más importante de la zona, ya sea por tamaño o por número y nivel de marcas representadas, tiene por qué ser necesariamente el que más te convenga como socio para tu marca específica.

60. 15 Consejos para Vender a Distribuidores

¿No sabes cómo vender más a través de tus distribuidores? ¿Vender mejor a tus representantes? ¿Ayudar a tus distribuidores? Aquí encontrarás algunos consejos para conseguir tus objetivos.

Cómo hemos dicho antes sobre el importante papel de los distribuidores, donde todo el proceso no está bajo tu control, es importante capacitar y motivar a tus canales de venta para que logren resultados sobresalientes mediante el establecimiento de estándares de desempeño y el monitoreo de los resultados, entre otras tareas.

Al respecto, te comparto una serie de consejos para que tus ventas a través de distribuidores sean más efectivas. No es una guía absoluta, pero funciona.

Son de sentido común, pero ya sabes, no suele ser lo más común:

1. Conoce a tu distribuidor

Es esencial conocer en profundidad a tu representante, su estructura de empresa, quién hace qué, qué líneas de productos distribuyen, así como las ventajas y desventajas de trabajar con ellos.

Si no los conoces, no puedes entenderlos.

Tanto en los primeros contactos con ellos, como durante la relación comercial, debes estar al tanto de su estructura y funcionamiento, conocer las personas involucradas en ventas, sus jefes o responsables, así como el resto de departamentos, capacidad logística, servicios, etc.

Es importante también conocerlos un poco más en el terreno personal, no solo profesional, su vida, sus expectativas, dónde estaban trabajando antes, alguna historia de ellos, etc. que nos pueden dar pistas sobre su comportamiento futuro, y al mismo tiempo que nosotros los conocemos, nos conocen y construimos una mejor relación.

Por supuesto, es imprescindible saber los productos que venden y cuál es o puede llegar a ser la posición de tu marca en sus resultados.

A la vez, debemos saber si cubren todo el mercado o no, cuáles son sus principales clientes, su reputación en dicho nicho, su historia con posibles competidores, etc.

2. Entiende a tu representante

Métete en sus mentes, por qué hacen lo que hacen, hasta entender los problemas que tienen, que no son solos los problemas para vender nuestros productos.

Una vez que empecemos a entendernos podemos llegar a un punto común de beneficio para ambas partes.

Tienes que tener en cuenta también que puede ser diferente lo que está dentro de la mente del gerente de ventas, que en el comercial de zona, y esto les llevará a comunicarse de una manera u otra, a darnos distintas pistas para encontrar sus problemas particulares, ya que uno puede estar pensando más en el dinero en efectivo o en resultados generales y el otro en las reclamaciones y posibles problemas postventa, por ejemplo.

3. Apoya a tu distribuidor

Debes apoyar a tu representante en cualquier comunicación, en cualquier momento, en cualquier asunto. Buscar dar nuestro apoyo en todas las oportunidades a nuestro alcance, en cualquier correo, ya sea una petición de oferta (RFQ) o no, en cualquier llamada, en cualquier visita, feria, etc.

Esto es lo que esperan ellos de nosotros, y tenemos que cumplir con esa expectativa, que les demos nuestro apoyo, en todos los sentidos.

En cualquier momento puede ser incluso durante un fin de semana, ya que a veces es urgente, o aunque no lo sea, debemos responder rápidamente. Como dicen algunos distribuidores, si respondemos más rápido que otras marcas (en particular otras marcas que ellos también representen), en este mundo tan competitivo esa puede ser la pequeña diferencia a nuestro favor para que no se vayan a la competencia.

En cualquier caso, flexibilidad. Abiertos a negociar casos particulares o excepcionales; deben tener la imagen de que pueden hablar con nosotros de todo, libremente.

Con nuestro apoyo, las ventas vendrán. Lo que es seguro es que si no los apoyamos no venderán.

4. Confronta sus problemas con tus soluciones y objetivos

Una vez que conozcas sus problemas, puedes empezar a analizar y confrontar nuestras posibles soluciones. No al revés.

Las soluciones, objetivos y planes de negocio que se presenten deben cumplir con los elementos claves para ganar el compromiso de tu canal.

Los objetivos deben cumplir las famosas reglas SMART (Específico, Medible, Alcanzable, Realista y limitado en el Tiempo)

Las estrategias a seguir para conseguir dichos objetivos deben estar basadas en un análisis adaptado al entorno y problemas del distribuidor.

5. Conoce el mercado del representante

Siempre es interesante hacer un estudio del mercado de la zona o del país del representante, incluyendo la evolución de dicho mercado, crecimiento, las tendencias del mismo, los clientes clave, los principales competidores, comparativas de precios, etc.

Igualmente, en relación con lo anterior, la parte de historia del representante en dicho mercado, su situación en el mismo o cuota de mercado, su evolución de ventas, sus perspectivas y planes futuros, etc.

Al respecto de las expectativas futuras de tus productos en ese mercado, y basándose en el estudio de mercado mencionado, hay que estudiar las formas de penetrar, qué productos son más factibles, saber qué compran los clientes, qué productos de los competidores están comprando y POR QUÉ.

6. Construye una relación

Hablamos de construir una relación de confianza. No se trata tanto de hacer amigos como de ganarse la confianza en la empresa, en la marca y en tus productos y servicios.

Con perspectivas de futuro, lo que implica trabajar la relación a largo plazo y cómo mantenerla en el tiempo. Esto tiene también mucho que ver con poner las cosas claras desde un principio, siendo mejor si es con un contrato de distribución donde queden claras las responsabilidades, obligaciones y derechos de todas las partes, evitando así malentendidos que puedan dañar la mencionada confianza.

Por supuesto, el ser honestos, la transparencia, mantener relaciones personales amigables, y lo dicho al principio de resolver los problemas que vayan surgiendo, es la base sobre la que alcanzar objetivos de negocio mutuamente satisfactorios.

7. Necesitan confiar en ti

Siendo ellos los que dan la cara ante el cliente final, necesitan apoyarse en dicha confianza de forma continua para que sea un win/win y no quedarse o sentirse vendidos con sus clientes ante problemas inesperados. Mantener una mentalidad de cooperación y seguridad ante dichos problemas. En otras palabras, el movimiento se demuestra andando. Y la confianza también, con hechos, más que con palabras.

En caso contrario, e incluso manteniendo una buena relación, puede pasar que no quieran seguir trabajando con nosotros, irse con la competencia, o simplemente prestar más atención y recursos a otras marcas representadas, no consiguiendo los niveles de ventas pretendidos.

Al respecto es importante trabajar dicha confianza con el equipo de ventas del representante, que debe no solo querer representarnos, sino vender y defender con orgullo nuestra marca en su mercado.

8. Entrena a tus socios

Es esencial que eduques y entrenes a tus representantes sobre tus productos y empresa. Programa trainings periódicos de tus distribuidores, sobre todo en el caso de lanzamiento de nuevos productos.

Esto debe incluir no solo temas técnicos que puedan desconocer, sino también la mejor forma de hacer sus cotizaciones a los clientes finales, con tu asesoramiento en cada oportunidad particular, así como la filosofía y forma de trabajar contigo. Es importante también el asesoramiento, detallado, de las opciones de productos, accesorios, precios, descuentos, etc.

Aprovecha también el entrenar a tu representante durante la modificación y adecuación de pedidos cuando entendemos que lo que se pide no es lo más adecuado, o incluso erróneo, y puede producir clientes insatisfechos por defecto o por exceso en el producto pedido.

No tienes que suponer que ellos saben qué tienen que responder ante las preguntas de sus clientes, aunque lleven mucho tiempo en el mercado. Al respecto, es importante entrenarles en la mejor forma de responder ante las objeciones típicas de tu producto adaptadas al mercado y competencia específica de su zona comercial.

9. Mantenles informados

Es necesario que los tengas al día sobre nuevos productos, nuevos catálogos, nuevos precios o condiciones, nuevo contenido comercial, estudios de mercado, referencias de clientes, noticias del sector o cualquier herramienta de ventas que les pueda ayudar en su labor comercial.

10. Deben mantenernos informados

Igualmente, ellos deben también mantenernos informados de su mercado y actividades comerciales, lo cual suele ser generalmente más difícil.

Nos tienen que informar, de forma detallada, sobre las nuevas oportunidades, sobre sus visitas a sus clientes, los detalles de dichos clientes (con transparencia), las previsiones de ventas, el plan de marketing de tus productos en su mercado, etc.

Hablamos de información cuantitativa y cualitativa, sin ella no podríamos manejar el siguiente punto. Reportes que pueden ser semanales, mensuales y/o anuales.

11. Supervisa su actividad

Es imprescindible controlar a tu distribuidor, analizando por ejemplo las nuevas oportunidades por mes, evolución y pronóstico de ventas, ¿qué venden y dónde? Lo que no se puede medir no se puede gestionar.

Deber hacer un seguimiento de oportunidades y actividad comercial en general, con especial énfasis en los clientes clave.

Sin un seguimiento de las acciones planeadas en nuestro plan de marketing y un control de los resultados, sería imposible introducir las acciones correctoras ante las desviaciones de los objetivos.

Es muy importante para ello haber definido previamente las personas implicadas, los responsables de dichas acciones, así como una fecha límite para la ejecución de las mismas.

12. Ayúdales en su comercialización y plan de marketing

Aparte de todo lo comentado anteriormente, no hay que olvidar por ejemplo la ayuda y soporte que pueden requerir por nuestra parte en sus ferias locales (ya sea con apoyo de personal y/o de productos de muestra, catálogos, material publicitario, pósters, etc.), en sus folletos y en su web (con nuestros textos, vídeos e imágenes de productos), en sus publicaciones en redes sociales o web/blog (con nuestros contenidos, artículos, papers, historias de clientes satisfechos, vídeos, etc.)

Importante también el apoyo en sus campañas de correo locales, en sus promociones, y en todo aquello donde nuestra participación pueda aportar un valor al distribuidor y a los objetivos de venta.

13. Empújalos un poco (un poco de presión…)

Una presión bien entendida para que sobre todo dediquen más tiempo y esfuerzo a nuestra marca que a otras que representen.

Impulsar las visitas a nuevos clientes, no te importe enviarles también listados de clientes potenciales, leads y prospectos. Siempre con un seguimiento posterior y feedback al respecto.

Perseguir de forma constante que las acciones de marketing se realicen a su tiempo y buena manera. En definitiva, estar encima de ellos, que nos vean presentes, activos y proactivos.

Igualmente, poner especial énfasis y perseguir que los casos de servicio postventa se resuelvan lo antes posible con la cooperación de todas las partes. O dicho de otra manera:

"Let's Make Things Happen!"

14. Ayuda a tu representante frente a la competencia

Esto puede incluir tanto el estar al tanto de las tendencias del mercado y nuevos competidores como de los movimientos de la competencia actual en su mercado.

Estudiar conjuntamente con tu distribuidor cómo les puede afectar y cómo afrontar dichas amenazas (que incluso pueden convertirse en oportunidades si enfocamos nuestros esfuerzos en aquellos diferenciales y nichos de mercado que la competencia no está cubriendo o que lo hace de mala manera)

De especial relevancia es el aportar argumentos al representante para luchar mejor contra los competidores, ventajas y desventajas, comparaciones de productos y de precios de la competencia, por ejemplo.

Se trata en definitiva de entregar herramientas de venta al representante frente a la competencia, que puedan comparar manzanas con manzanas y no con naranjas, no sólo características técnicas, sino beneficios que deben tratar de vender. Enlaza con el punto de entrenarlos para la venta de tus productos.

15. Usa el CRM como herramienta de ventas

Tu CRM puede ser también una gran fuente de información relevante para asesorar a tu distribuidor sobre posibles acciones futuras, como puede ser el caso de las oportunidades anteriores con el mismo cliente, historiales de pedidos, necesidades anteriores de clientes (que podemos anticipar), conversaciones y negociaciones anteriores, qué descuentos y condiciones hubo o se llegó a negociar en otros casos, listados de contactos en empresas objetivo, listados de referencias de clientes para usarse en nuevas oportunidades, etc.

En definitiva, usar el CRM para buscar opciones y soluciones con tu distribuidor. No hay que olvidarse también de ser creativos y adaptarse a cada caso específico del distribuidor (no siempre la mejor solución anterior puede ser la más adecuada ahora) Recuerda siempre el buscar nuevas soluciones y valores que seguro tus representantes apreciarán.

Think out of the box!

Espero que esta mini-guía te ayude en tu tarea diaria con tus distribuidores.

Por supuesto, este listado no pretende resolver todos los asuntos relacionados con la gestión de tus distribuidores, pero seguro te dará una mejor idea sobre algunos puntos clave que afectan el rendimiento de tu canal.

Por otro lado, cada distribuidor es diferente... no hay reglas absolutas.

¿Significa esto que todos los consejos anteriores no tienen sentido?

No, solo que incluso considerando todo lo anterior, debes tener una mente abierta y no solo seguir un procedimiento. Son humanos, diferentes, son no ovejas, por lo que todos los consejos son consejos pero no reglas, y no todos se pueden aplicar.

A veces, por ejemplo, el enfoque cambia si se está tratando con un distribuidor no exclusivo, y las diferentes condiciones en comparación con uno exclusivo hacen que tengas que seleccionar qué consejos quieres usar y cuáles no, qué información compartir y cual no, qué acciones tomar y cuáles no, cuáles reservar para el futuro cuando tengas una cooperación más profunda, etc.

Espero que este último pensamiento, así como los anteriores, te sirva como punto de partida, que nunca de final, que es el que viene ahora. Aunque no antes de una visita inesperada…

El Significado de la Portada

Era un día nublado y lluvioso.

Curiosamente, igual que cuando conocí a Jin en "Vender Más y Mejor".

Había terminado este libro, o así pensaba, y estaba dándole vueltas al mismo, cuando otra vez y sin previo aviso:

— ¡Hola, Raul!

— ¡Ahhhhh!... ¡Otra vez oigo voces en mi cabeza!... ¿Quién eres? ¿Eres Jin? ¿O acaso el Lector Curioso Ele?

«Ele aparecía en "51 Consejos de Ventas", pero en realidad no podía ser ninguno de ellos, porque esta vez era una voz femenina»

—Ja, ja… Qué gracioso eres. No, no soy Jin ni Ele, aunque les conozco bien. El caso es que ya me conoces, pero no habíamos hablado.

—Perdona, pero no caigo…

—Soy Sei.

—¡Anda!... Sei, claro,… La autora del libro milenario en la que basé mi primer libro, la mujer de la corte de los primeros emperadores japoneses… Vaya… Nunca pude darte las gracias directamente, estoy un poco abrumado y no sé que decirte, ni qué haces aquí…

—Bueno, como te dijo Jin en su día, estaba muy orgullosa de comprobar que mi legado seguía vivo gracias a ti, y quería saludarte.

—Pues gracias a ti, y encantado. Que susto me has dado, oye… ¿Pero por qué ahora?

—Ahora y antes. En realidad siempre he estado ahí, inspirándote.

— ¿Inspirándome?

—Sí. Has mencionado las Musas al principio, en el Prólogo, y tengo que decirte que…

—No me lo digas... ¿Que tú tienes algo que ver con ellas?

—Mucho. De hecho hace ya bastante tiempo que me ascendieron a Musa allá arriba…

— ¿A Musa?... Pensaba que solo eran nueve las clásicas inspiradoras de las artes, las letras y las ciencias humanas.

—Bueno, eso era antiguamente, cuando había menos población en el mundo. No daban abasto, ¿sabes? Así que tuvieron que aumentar la plantilla.

—No me digas. Tal cual que por aquí. Y entonces… ¿Eras tú la que me ha estado inspirando lo que escribía todo este tiempo?

—Sí. Como te he dicho, siempre he estado ahí, solo que no me reconocías. Y yo fui quién te mandó a Jin y a Ele, para inspirarte.

—Vaya, que sorpresa. Ahora eres Musa… que interesante, y ahora lo entiendo todo… Pues te he echado en falta durante mucho tiempo, por lo menos hasta que caí que no era así. Jo… Bueno, ahora que lo pienso, ¿Me podrías ayudar una vez más?

—Claro, estoy a tu disposición. Dime.

—Necesito me ayudes a resolver el **misterio de la portada** de este nuevo libro para los lectores. Seguro que para ti no es difícil.

—No lo parece. De hecho creo que tiene menos misterio que las anteriores, ja, ja... Por cierto, felicidades, me parece muy bonita.

—Gracias. Pero que sepas que la inspiraste tú... Ahora lo sé. Así pues, dime ¿qué crees que representan los elementos de la misma?, empezando por ejemplo por la lámpara...

—Parece la de Aladino. Te diré que no es la original, pero me vale para la interpretación.

—Si hubiera tenido la original, no creo estuviera hablando contigo, Sei...

—Tan chistoso como siempre. Bueno, el libro está dedicado a los Vendedores por el título, y la lámpara en realidad nos representa a nosotros mismos, por lo que bien pudieran ser los propios vendedores, mientras que el mago que saldría luego de limpiarla serían nuestros deseos y pensamientos. Nuestro genio interior, nuestro "Daimon" o espíritu.

—Pensamientos que podrían ser los del vendedor o los del cliente,... me gusta. Este libro es un compendio de Pensamientos y por supuesto hablamos también de deseos, de ideas, de intangibles... y de nuestro espíritu.

—Y limpiarla bien podría ser aclarar nuestros conceptos y el conocimiento de uno mismo, mejorar y aprender para que se

223

cumplan nuestros deseos, entre ellos el del subtítulo, de ser mejor vendedor. También el de aceptarse a uno mismo, trabajar nuestras debilidades y buscar la felicidad.

—Has clavado lo que pensaba, Sei. Se nota que estamos en sintonía… Aunque en un principio pensaba que el mago o genio eras tú… por lo de la aparición…

—Hubiera sido maga… ja, ja.

—Pues eso, concédeme otro deseo y dime qué piensas que es el resto en relación a lo comentado en el libro.

—Bien. Me intriga la botella de perfume. Es muy fina.

—Y tanto. Porque más que perfume es la esencia, oriental en este caso, como tú.

— ¡Claro! Que tonta. La esencia es la base del resto de aromas, fragancias y perfumes. Al igual que todos los conceptos que tú sueles llamar eternos, que son la esencia y la base para comprender mejor el mundo de las ventas, ¿he acertado?

—De lleno. Como he dicho muchas veces es necesario que el vendedor o emprendedor domine primero dichos conceptos eternos, la esencia de las ventas, antes de meterse en más mezclas perfumadas que pueden encontrar en otros libros. Pero lo primero es lo primero.

—Casi que la puedo oler desde aquí…

—Sí. Cual marketing olfativo…ja, ja. Bueno, dime Sei, ¿qué crees que representa el escarabajo?

— ¿El amuleto egipcio? Bueno, puede representar tus viajes por la zona y el amor por dichas tierras.

—Un poquito de ello hay. Al igual que en el resto de objetos. Pero mira más allá, Sei.

—Bueno, como tal amuleto, aparte de desearte suerte con este libro, es un símbolo de resurrección en la mitología egipcia, de ciclo de la vida y la muerte. De continua transformación de uno mismo.

—Claro. Un ciclo, como lo es el de las ventas y los procesos de ventas. Un ciclo sin fin como el de la fidelidad del cliente que hablábamos en libros anteriores, Sei. También significa vida y poder. O entre otras cosas, representa el trabajo duro, el progreso, la estabilidad, la persistencia, la creatividad, la cooperación, la intuición, la constancia y la dedicación a los. Se suele llevar junto al corazón, y de eso también hemos hablado en este libro y de lo que significa.

— ¡Cuánto simbolismo!

—Sí, Sei, y todo el conjunto de la portada representa la serie de Pensamientos Vendedores, que encierran mucha doble lectura y mucho leer entre líneas, como no podía ser de otra manera cuando hablamos de un arte y ciencia como las ventas que reúne muchas ramas del saber, como las que tú inspiras.

—Gracias, Raúl. Al final me voy a poner roja… Sigamos, entonces y finalmente, adivino que… ¿la vela será como la luz que alumbra el camino a todo ello? Aunque no está encendida.

—Por ahí van los tiros. La luz que dicha inspiración puede llevar al lector a iluminar su mente y sus decisiones comerciales, a despejar sus dudas con estos Pensamientos, y en general como símbolo también de esperanza y de paz, que falta hace también en este mundo. Y no está encendida, Sei, porque no quería que se me quemara el set fotográfico…

— ¡La seguridad ante todo!

—Por otro lado, una vela apagada también tiene su aquél, como cuando soplamos las velas en los cumpleaños, que decimos adiós a los años vividos, también digo yo adiós a los lectores con este último libro. Pero en cualquier caso, como se dijo en el Prólogo, es deber del vendedor profesional el encenderla, con sus propias experiencias y la formación de sus propias verdades de las ventas. Círculo cerrado.

—Que así sea, Raúl.

—Gracias, Sei. Te agradezco tu visita y ayuda. Pero… ¿Me volverás a visitar?

—Siempre estaré contigo, lo sabes.

—Genial. Y a partir de ahora, espero que también con todos los lectores, para que este libro les sirva de inspiración, y para que ayude a todos los profesionales a mejorar la visión de este complejo mundo de las ventas. En definitiva, a ser mejores vendedores.

—Hasta siempre. Un fuerte abrazo, Raúl.

—Igualmente, Sei.

FIN

****

Nota del autor

Gracias por llegar hasta aquí, lector. Espero volver a verte pronto, y reconocerte.

Si te ha gustado el libro, me gustaría **pedirte por favor que hagas una reseña positiva** del mismo en la librería online donde lo compraste. No te llevará más de dos minutos.

Y si te ha hecho pensar, si has aprendido o re-aprendido, y si este libro te ha ayudado, **por favor haz felices a otros y recomiéndalo** a tus amigos, familiares, compañeros de trabajo y contactos. Ellos también te lo agradecerán, y de eso se trata.

Gracias. Gracias mil.

Otros libros de la Serie Pensamientos Vendedores:

- Vender Más y Mejor,

Técnicas de Venta Eternas más allá de Internet

- 51 Consejos de Ventas,

Claves para Vender Más y Triunfar Vendiendo

(disponibles en versión digital e impresa)

www.ingramcontent.com/pod-product-compliance
Lightning Source LLC
Chambersburg PA
CBHW072147290526
45794CB00004B/1439

* 9 7 9 8 8 6 6 1 3 1 3 5 8 *